पं. दीनदयाल उपाध्याय

पं. दीनदयाल उपाध्याय

डॉ. महेशचंद्र शर्मा

प्रभात प्रकाशन, दिल्ली
ISO 9001:2008 प्रकाशक

प्रकाशक • **प्रभात प्रकाशन प्रा. लि.**
4/19 आसफ अली रोड,
नई दिल्ली–110002

संस्करण • 2020
मूल्य • पंचानबे रुपए
मुद्रक • आर–टेक ऑफसेट प्रिंटर्स, दिल्ली

Pt. DEENDAYAL UPADHYAYA
A Biography by Dr. Mahesh Chandra Sharma ₹ 95.00
Published by Prabhat Prakashan Pvt. Ltd., 4/19 Asaf Ali Road, New Delhi-2
e-mail: prabhatbooks@gmail.com ISBN 978-93-86231-77-2

राष्ट्रीयता का आधार–'भारत माता'

"हमारी राष्ट्रीयता का आधार 'भारत माता' हैं, केवल भारत नहीं। माता शब्द हटा दीजिए तो भारत केवल जमीन का एक टुकड़ा मात्र रह जाएगा। इस भूमि का और हमारा ममत्व तब आता है, जब माता वाला संबंध जुड़ता है। कोई भी भूमि तब तक देश नहीं कहला सकती, जब तक कि उसमें किसी जाति का मातृक ममत्व, यानी ऐसा ममत्व, जैसा पुत्र का माता के प्रति होता है, न हो। वही देशभक्ति है, तथापि देशभक्ति का मतलब जमीन के टुकड़े के साथ प्रेम होना मात्र नहीं है, अन्यथा कई पशु–पक्षी भी तो अपने घर से बहुत प्रेम करते हैं। साँप अपना बिल नहीं छोड़ता, शेर माँद में ही निवास करता है, पक्षी अपने घोंसले में रोज लौट आते हैं, किंतु वे देशभक्त हैं, ऐसा नहीं कहा जा सकता। मानव भी जहाँ रहता है, वहाँ से उसका कुछ–न–कुछ लगाव हो ही जाता है, फिर भी इतने मात्र से देशभक्ति नहीं आती। उन लोगों का प्रेम ही देशभक्ति कही जाएगी जो देश में एक जन के नाते संबद्ध हैं। पुत्र रूप एक जन और माता रूप भूमि के मिलन से ही देश की सृष्टि होती है। वही देशभक्ति है, जो अमर है।"

—पं. दीनदयाल उपाध्याय

आमुख

'पंडित दीनदयाल उपाध्याय प्रशिक्षण महाभियान 2015' हमारी पार्टी की एक अद्भुत पहल है। सदस्यता महाभियान व संपर्क महाभियान के बाद में तृतीय चरण में हम यह प्रशिक्षण महाभियान संचालित कर रहे हैं। विभिन्न सत्रों के माध्यम से 15 लाख सक्रिय सदस्यों को हमारी पार्टी की विचारधारा एवं अन्य विशेषताओं के प्रशिक्षण की यह योजना है। इसमें सहभागी सभी कार्यकर्ताओं का अभिनंदन।

पंडित दीनदयाल उपाध्याय भारतीय ज्ञान परंपरा में उत्पन्न युगऋषि थे। हमारे दल की विचारधारा के वे उन्नायक थे। उनका जीवन हम सबके लिए उत्प्रेरक एवं ज्ञानवर्धक है। उनकी यह लघु-जीवनी प्रशिक्षण महाभियान के प्रत्येक प्रशिक्षणार्थी को पढ़नी है। अत: यह आप लोगों के हाथ में है। इसका अध्ययन हमें राजनीति के वांछित ध्येय का अनुगामी बनाएगा।

—पी. मुरलीधर राव

(राष्ट्रीय महासचिव)

प्रभारी, प्रशिक्षण महाभियान

भारतीय जनता पार्टी

अनुक्रम

कष्टमय बचपन और मेधावी छात्र जीवन

दीनदयाल उपाध्याय का बचपन एक सामान्य उत्तर भारतीय निम्न मध्यम वर्गीय सनातनी हिंदू वातावरण में बीता। ब्रजभूमि के मथुरा जिले के नगला चंद्रभान ग्राम में दीनदयाल उपाध्याय के प्रपितामह विख्यात ज्योतिषी पंडित हरिराम उपाध्याय रहा करते थे। श्री झंडू राम उनके सहोदर अनुज थे। पंडित हरीराम उपाध्याय के तीन पुत्र थे—भूदेव, रामप्रसाद तथा रामप्यारे। झंडू रामजी के भी दो लड़के थे—शंकरलाल और वंशी लाल।

श्री रामप्रसाद के पुत्र थे—श्री भगवती प्रसाद। श्री भगवती प्रसाद का विवाह श्रीमती रामप्यारी से हुआ था। वे बहुत धर्मपरायण महिला थीं। आश्विन कृष्ण त्रयोदशी संवत् 1973, दिनांक 25 सितंबर, 1916 को श्री भगवती प्रसाद के घर में पुत्र जन्म हुआ। तब श्रीमती रामप्यारी अपने पिता श्री चुन्नीलाल शुक्ल के पास धनकिया में थीं। उनके पिता धनकिया (राजस्थान) में स्टेशन मास्टर थे। बालक का पूरा नाम दीनदयाल व पुकारने का नाम 'दीना' रखा गया। दो वर्ष बीते, श्रीमती रामप्यारी की गोद में दूसरा बच्चा आया, जिसका नाम शिवदयाल व पुकारने का नाम 'शिबू' रखा गया।

संयुक्त परिवार परंपरा

पंडित हरीराम के परिवार की संयुक्त परिवार परंपरा अभी तक अबाध चल रही थी। अतः परिवार बड़ा था। स्वाभाविक रूप से महिलाओं में कलह रहती थी। दीनदयाल अभी ढाई वर्ष के ही थे। इनके पिता भगवती प्रसाद उन

दिनों जलेशर में सहायक स्टेशन मास्टर थे। उन्होंने गृह कलह को शांत करने के लिए अपनी चाची तथा विमाता को अपने पास जलेशर बुलवा लिया तथा दीना, शिबू व रामप्यारी को राजस्थान में धनकिया ग्राम में भेज दिया। चुन्नीलाल का गाँव अर्थात् रामप्यारी का मायका तथा दीनदयाल का ननिहाल फतेहपुर सीकरी के पास आगरा जिले में गुड़ की मँढ़ई नामक ग्राम में था।

ढाई साल की अवस्था में पितृ गृह छूटने के बाद दीनदयाल वापस वहाँ रहने के लिए कभी नहीं लौटे। उनका पालन–पोषण व विकास एक प्रकार से असामान्य स्थिति में हुआ। वे स्थितियाँ ऐसी थीं, जिसमें व्यक्ति का व्यक्तित्व बुझ जाए, लेकिन दीनदयाल ने इसी परिवेश में ऊर्जा ग्रहण कर अपने व्यक्तित्व का विकास किया। निश्चय ही उनके जीवन पर बाल्यावस्था के भरपूर संस्कार थे।

मृत्यु दर्शन

मृत्यु का दर्शन जीवित जनों में वैराग्य उत्पन्न करता है। दीनदयाल उपाध्याय को बचपन में ही प्रियजनों की मृत्यु का घनीभूत अनुभव प्राप्त हुआ। ढाई साल की अवस्था में दीनदयाल अपने नाना के पास आए ही थे कि कुछ ही दिनों में समाचार आया, उनके पिता भगवती प्रसाद का देहांत हो गया है। दीनदयाल पितृहीन हो गए और रामप्यारी विधवा हो गई। दीनदयाल की शिशु आँखों ने टुकुर–टुकुर अपनी विधवा माँ की गोद व आँसुओं को तथा दामाद विहीन नाना के बेबस और उदास चेहरे को देखा। निश्चय ही बाल मन ने अबोध पर संवेदनशील अनुभव ग्रहण किया होगा। पितृहीन शिशु दीनदयाल, माँ की गोद में बाल्यावस्था को प्राप्त हुए। पर विधवा शोकाकुल व चिंताकुल रामप्यारी पीड़ा और अपोषण का शिकार होकर, क्षय रोग ग्रस्त हो गई। उन दिनों क्षयरोग का अर्थ था—निश्चित मृत्यु। अभी दीनदयाल सात वर्ष के तथा शिवदयाल पाँच वर्ष के ही हुए थे कि दोनों बच्चों को नाना की गोद में छोड़कर रामप्यारी वास्तव में राम को प्यारी हो गई। दीनदयाल पिता और माता दोनों की स्नेह छाया से वंचित हो गए।

शायद नियति इस बालक को मृत्यु का सर्वांगत: दर्शन करवाने पर तुली हुई थी। माँ के देहांत को अभी दो ही वर्ष हुए थे, वृद्ध व स्नेही पालक, जो अपनी बेटी की अमानत को पाल रहे थे। नाना चुन्नीलाल भी स्वर्ग सिधार गए। यह 1926 का सितंबर माह था। दीनदयाल अपनी आयु के 10वें वर्ष में थे। पिता, माता व नाना के वात्सल्य से वंचित होकर वे अब अपने मामा के आश्रय पर पलने लगे। मामी नितांत स्नेहिल व मातृवत थीं। दीनदयाल बहुत गंभीर रहते थे। दस वर्ष का दीनदयाल अपने छोटे भाई शिवदयाल की भी चिंता करता था, उसे स्नेह भी देता था।

दीनदयाल सातवीं की पढ़ाई राजस्थान के कोटा नगर में कर रहे थे। यह सन् 1931 था। उन्हें कोटा से राजगढ़ जिला (अलवर) आना पड़ा, क्योंकि उनकी मामीजी का देहांत हो गया था। अपने पालकों की मृत्यु को निहारते दीनदयाल का यह 15वाँ वर्ष था। इसी छोटी आयु में दीनदयाल अपने सहोदर अनुज शिवदयाल के पालक भी थे। विधाता की प्रताड़ना ने इनको परस्पर स्नेहगत, अधिक संवेदनशील और स्निग्ध कर दिया था। अभी तक दीनदयाल ने अपने पालकों की मृत्यु का ही अनुभव किया था। शायद मृत्यु अपने को सर्वांगत: दीनदयाल के सामने साक्षात् करने पर तुली थी। जब दीनदयाल नवीं कक्षा में पढ़ रहे थे। तब वे 18वें वर्ष में थे कि छोटा भाई शिवदयाल रोग ग्रस्त हो गया। उसे मोतीझरा हो गया था। दीनदयाल ने अपने छोटे भाई को बचाने की बहुत कोशिश की। सब प्रकार के उपचार करवाए, पर 18 नवंबर, 1934 को शिवदयाल अपने बड़े भाई दीनदयाल को अकेला छोड़ संसार से विदा हो गया।

अभी भी दीनदयाल पर एक झुर्रियों भरा स्नेहिल आशीर्वाद का हाथ था। वृद्धा नानी दीनदयाल को बहुत प्यार करती थी। हालाँकि अपनी पढ़ाई और अन्य पारिवारिक कारणों से वह नानी के पास अधिक नहीं रह सके थे तो भी नानी-दुहिते में अनन्य स्नेह था। यह 1935 का वर्ष था। दीनदयाल ने 10वीं पास की थी। वह 19 साल के हो गए थे। इसी जाड़े के दिनों में नानी बीमार हुई और संसार से चल बसी।

पिता, माता, नाना, मामी, अनुज और अब नानी की मृत्यु ने दीनदयाल को अनुभव सिद्ध किया। उनकी चेतना मौत के प्रहारों से कुम्हलाई तो नहीं, पर युवक दीनदयाल एक सतेज उदासी का धनी बनता जा रहा था। दीनदयाल की एक ममेरी बहन थी। बहन-भाई के स्निग्ध रिश्ते की सभी तरलताएँ इन दोनों के मध्य पूरे तौर पर सुविकसित हुई थीं। दीनदयाल युवक हो गए थे। वह आगरा में एम.ए. अंग्रेजी की पढ़ाई कर रहे थे। बहन रमा देवी बहुत बीमार हो गई थी। दीनदयाल ने अपनी पढ़ाई छोड़कर रमा देवी की सेवा तथा उपचार के सब साधन जुटाए पर नियति को यह मंजूर था कि अपनी बहन की मौत का साक्षात्कार भी दीनदयाल को होना चाहिए। बचाने की सब कोशिशों के बावजूद रमा देवी के प्राण पखेरू उड़ गए। यह सन् 1940 था। दीनदयाल 24 वर्ष के हो गए थे। मृत्यु ने उनके शिशु किशोर बाल व युवा मन पर निरंतर आघात किए। न मालूम उनके चिर प्रशंसित वैरागी जीवन में नियति के इस तथाकथित क्रूर निदर्शन का कितना हाथ था?

अक्षरशः अनिकेत

दीनदयालजी अक्षरशः अनिकेत थे। शिशु अवस्था के ढाई वर्ष वे अपने पिता के घर रहे, उसके बाद उनका प्रवासी जीवन प्रारंभ हो गया। वह कभी लौटकर रहने के लिए अपने घर नहीं आए। पारिवारिक कारणों से उन्हें अपने नाना चुन्नी लाल के साथ रहने के लिए धनकिया जाना पड़ा। चुन्नी लाल अपने दो पुत्रों—नत्थी लाल और हरिनारायण तथा बाद में दामाद भगवती प्रसाद (दीनदयालजी के पिता) की मृत्यु से बहुत आहत हुए। उन्होंने नौकरी छोड़ दी और अपने घर गुड़ की मँढ़ाई आ गए। दीनदयाल भी धनकिया ग्राम से गुड़ की मँढ़ाई आ गए। दीनदयाल 9 वर्ष के हो गए पर अभी उनके अध्ययन की कोई व्यवस्था नहीं हुई थी। अब वह अपने मामा राधारमण के पास आ गए, जो गंगापुर में सहायक स्टेशन मास्टर थे। यहाँ वे चार वर्ष रहे। गंगापुर में इससे आगे पढ़ाई की व्यवस्था नहीं थी। अतः 12 जून, 1929 को कोटा के एक स्कूल में उनका प्रवेश हुआ। वह वहाँ 'सेल्फ सपोर्टिंग हाउस'

में रहते थे। तीन साल वहीं रहे, तत्पश्चात् उन्हें राजगढ़ (अलवर जिला) आना पड़ा। मामा राधारमण के चचेरे भाई नारायण शुक्ल यहाँ स्टेशन मास्टर थे, दीनदयाल उनके पास दो साल रहे। 1934 में नारायण शुक्ल का स्थानांतरण सीकर हो गया। एक साल सीकर में रहकर 10वीं कक्षा उत्तीर्ण की। वहाँ से उच्च शिक्षा के लिए पिलानी गए और दो वर्ष रहकर इंटरमीडिएट किया। यह सन् 1936 था। इसी वर्ष बी.ए. की पढ़ाई के लिए कानपुर गए। यहाँ भी दो वर्ष रहकर, एम.ए. की पढ़ाई के लिए आगरा गए। यह राजामंडी में किराए के मकान में रहे। दो वर्ष यहाँ भी रहकर 1941 में 25 वर्ष की अवस्था में बी.टी. करने के लिए प्रयाग चले गए। इसके साथ ही उनका प्रवेश सार्वजनिक जीवन में हो गया। वे अखंड प्रवासी हो गए।

25 वर्ष की अवस्था तक दीनदयाल उपाध्याय राजस्थान और उ.प्र. के कम-से-कम 11 स्थानों पर कुछ-कुछ समय रहे। अपना घर, सुविधा व स्थायित्व का जीवन शायद लोगों में मोह उत्पन्न करता है। दीनदयाल का बचपन कुछ यों बीता कि ऐसे किसी मोहजाल की कोई संभावना न थी। सार्वजनिक जीवन में आकर आजीवन बेघर व घूमंतू रहने में प्रारंभिक काल का यह अनिकेती जीवन निश्चय ही उनकी मानस रचना में सहायक हुआ होगा। नए-नए स्थान, नए-नए अपरिचित लोगों से मिलना, उनमें पारिवारिकता उत्पन्न करना, उन्होंने बचपन की इस अनिकेत अवस्था में ही सीखा होगा, शायद।

मेधावी छात्र जीवन

स्थितियाँ जिस प्रकार की रहीं, तदनुसार 9 वर्ष की अवस्था तक उनकी पढ़ाई की कोई व्यवस्था नहीं हो सकी थी। 1925 में गंगापुर में अपने मामा राधारमण के यहाँ आने पर उनकी शिक्षा प्रारंभ हुई। घर में कोई अन्य विद्यार्थी न था, पढ़ाई का वातावरण नहीं था। गृह-दशा पारिवारिक आपदाओं के कारण बहुत क्लांत व तनाव भरी थी। कुछ भी सुविधाएँ नहीं थीं। दीनदयाल दूसरी कक्षा के छात्र थे। उनके मामा राधारमण बहुत बीमार पड़ गए। दीनदयाल

मामा की सेवा के लिए, उनके उपचारार्थ, उनके साथ आगरा गए। परीक्षा के कुछ ही दिन पूर्व राधारमण वापस गंगापुर आए। दीनदयाल ने परीक्षा दी, वे कक्षा में प्रथम आए। मामा की सेवा करते हुए उन्होंने तीसरी व चौथी की परीक्षाएँ उत्तीर्ण कीं। उसी काल में उनके मेधावी विद्यार्थी होने का परिवार व विद्यालय के लोगों को एहसास हुआ।

कक्षा 5 व 7 तक की पढ़ाई कोटा में कर, उन्होंने 8वीं कक्षा के लिए राजगढ़ में प्रवेश लिया। अंकगणित में उनकी अद्‌भुत क्षमता का यहाँ परिचय मिला। जब वह 9वीं में हुए तो कहते हैं कि 10वीं के विद्यार्थी भी उनसे गणित के सवाल हल करवाया करते थे। अगले ही वर्ष उन्हें अपने मामाजी के स्थानांतरण के कारण सीकर जाना पड़ा। उन्होंने 10वीं की परीक्षा सीकर, कल्याण हाई स्कूल से दी। वे न केवल प्रथम श्रेणी से उत्तीर्ण हुए वरन् समस्त बोर्ड की परीक्षा में सर्वप्रथम रहे। तत्कालीन सीकर के महाराजा कल्याण सिंह ने उन्हें तदनिमित्त स्वर्ण पदक प्रदान किया, 10रु. माहवार छात्रवृत्ति व पुस्तक आदि के लिए ढाई सौ रुपए की राशि पारितोषिक रूप में दी।

उन दिनों पिलानी उच्च शिक्षा का प्रसिद्ध केंद्र था। दीनदयाल इंटरमीडिएट की पढ़ाई के लिए 1935 में पिलानी चले गए। 1937 में इंटरमीडिएट बोर्ड की परीक्षा में बैठे और न केवल समस्त बोर्ड में सर्वप्रथम रहे वरन् सब विषयों में विशेष योग्यता के अंक प्राप्त किए। बिड़ला कॉलेज का यह प्रथम छात्र था, जिसने इतने सम्मानजनक अंकों से परीक्षा पास की थी। सीकर महाराजा के समान ही घनश्याम दास बिड़ला ने एक स्वर्ण पदक, 10 रु. मासिक छात्रवृत्ति तथा पुस्तकों आदि के खर्च के लिए 250 रु. प्रदान किए।

सन् 1939 में सनातन धर्म कॉलेज, कानपुर से प्रथम श्रेणी में बी.ए. की परीक्षा उत्तीर्ण की। एम.ए. अंग्रेजी साहित्य में करने के लिए सेंट जोन्स कॉलेज, आगरा में प्रवेश लिया। एम.ए. प्रथम वर्ष में उन्हें प्रथम श्रेणी के अंक मिले। बहन की बीमारी के कारण एम.ए. उत्तरार्द्ध की परीक्षा नहीं दे सके। मामाजी के बहुत आग्रह पर वह प्रशासनिक परीक्षा में बैठे, उत्तीर्ण हुए,

साक्षात्कार में भी चुन लिये गए, पर उन्हें प्रशासनिक नौकरी में रुचि नहीं थी। अत: बी.टी. करने के लिए प्रयाग चले गए।

उनकी यह अध्ययन उर्जस्विता सार्वजनिक जीवन में जाने के बाद प्रखरतम होती चली गई। प्रभूत सामाजिक एवं दार्शनिक साहित्य की सृजन क्षमता के बीज, हमें उनके विद्यार्थी काल में ही दिखाई देते हैं।

विद्यार्थी काल में आगरा में नानाजी देशमुख और दीनदयाल उपाध्याय साथ-साथ रहते थे। उनकी सहज ईमानदारी को अभिव्यक्त करनेवाली एक घटना नानाजी इस प्रकार सुनाते हैं—

एक दिन प्रात: हम दोनों मिलकर सब्जी खरीदने बाजार गए। दो पैसे की सब्जी खरीदी लौटकर घर पहुँचने को ही थे कि दीनदयालजी एकाएक रुक गए, वे बोले, 'नाना बड़ी गड़बड़ हो गई।' मेरे पूछने पर उन्होंने कहा, 'मेरी जेब में चार पैसे थे। उनमें से एक पैसा खोटा था। वह पैसा ही उस सब्जीवाली को दे आया हूँ। मेरी जेब में बचे दोनों पैसे अच्छे हैं, वह क्या कह रही होगी, उसे ठीक पैसे दे आएँ।'

उनके चेहरे पर अपराधी जैसा भाव उभर आया था। हम लोग वापस सब्जीवाली के पास पहुँचे। उसे वास्तविकता बताई तो वह कहने लगी, 'कौन ढूँढ़ेगा तुम्हारा खोटा पैसा? जाओ, ठीक है जो दे दिया।' किंतु दीनदयालजी नहीं माने। उन्होंने उस बुढ़िया के पैसों के ढेर में से अपना चिकना, काला और खोटा पैसा ढूँढ़ निकाला। उसने बदले में अपनी जेब से दूसरा अच्छा पैसा उस बुढ़िया को दे दिया, तब कहीं उनके चेहरे पर संतोष का भाव उभरा। बुढ़िया की भी आँख डबडबा आईं। वह कहने लगी 'बेटा! कितने अच्छे हो तुम! भगवान् तुम्हारा भला करे।'

❑

राष्ट्रीय स्वयंसेवक संघ से संबंध

जिस काल में दीनदयाल उपाध्याय का संपर्क राष्ट्रीय स्वयंसेवक संघ से हुआ, वह भारत की आजादी का महत्त्वपूर्ण काल है। 1937 के चुनावों में उ.प्र. की कांग्रेस सत्ता में आई, मुसलिम लीग और कांग्रेस का समझौता भंग हुआ। मुसलिम लीग के नेता चौधरी खालिक अजुमा ने नाराज होकर कहा—यदि हम साथ राज नहीं कर सकते तो हम साथ रह भी नहीं सकते। द्वि-राष्ट्रवाद का नारा तेजी से बुलंद हुआ। संप्रदाय के आधार पर पृथक् राष्ट्रीयता के नारे ने मुसलमानों को आक्रामक बना दिया था। 1940 में लाहौर अधिवेशन में पाकिस्तान निर्माण का प्रस्ताव भी मुसलिम लीग ने पारित कर दिया। यह आक्रामक पृथकतावाद भारत के हर राष्ट्रवादी मन को आहत करता था। दीनदयाल उपाध्याय का युवा मन भी आजादी के आंदोलन के इस पृथकतावादी विचलन से आहत था। भारत में द्वि-राष्ट्रवाद की स्थापना का स्वप्न लेकर जो सांप्रदायिकता के आधार पर हिंसाचारी हो गए थे, उनको राष्ट्रीय एकात्मता के धारकों द्वारा समुचित जवाब दिया जाना चाहिए था। साम्राज्यवादी अंग्रेज इस द्वि-राष्ट्रवादी सांप्रदायिक मानसिकता का तुष्टीकरण कर रहा था। दीनदयाल उपाध्याय इस सांप्रदायिक पृथकतावाद एवं द्विराष्ट्रवाद का प्रखरता पूर्वक मुकाबला करना चाहते थे। इन्हीं दिनों जब वह राष्ट्रीय स्वयंसेवक संघ के संपर्क में आए, संघ का कार्य उन्हें अपने मन के अनुकूल लगा। कानुपर में उनके सहपाठी बालूजी महाशब्दे उन्हें संघ के संपर्क में लाए। वहीं उनकी भेंट राष्ट्रीय स्वयंसवेक संघ के संस्थापक डॉ. केशव राव

बलिराम हेडगेवार से हुई। श्री बाबा साहब आपटे एवं दादा राव परमार्थ, इनके छात्रावास में ही ठहरते थे। स्वातंत्र्य वीर विनायक दामोदर सावरकर जब कानपुर आए, तब दीनदयाल उपाध्याय ने उन्हें संघ शाखा में आमंत्रित कर 'बौद्धिक वर्ग' करवाया। कानपुर में ही श्री सुंदर सिंह भंडारी उनके सहपाठी थे।

राष्ट्रीय स्वयंसेवक संघ अनुशासित युवकों का एक क्रमबद्ध संगठन था। वहाँ बिना प्रशिक्षण प्राप्त किए कोई कार्यकर्ता नहीं बन सकता था। यह प्रशिक्षण तीन वर्ष का होता है। उन दिनों ग्रीष्मावकाश में 40 दिनों का यह प्रशिक्षण शिविर नागपुर में होता था। जिसको 'संघ शिक्षा वर्ग' कहा जाता है। दीनदयाल उपाध्याय ने 1939 में प्रथम वर्ष का तथा 1942 में द्वितीय वर्ष का प्रशिक्षण प्राप्त किया। इन प्रशिक्षणों से उनकी यह धारणा पुष्ट हुई कि केवल अंग्रेजों को गाली देना मात्र ही देशभक्ति नहीं है। स्वतंत्रता कोई नारेबाजी का मुद्दा भी नहीं है, वरन् संगठित एवं संस्कारित समाज ही सच्चे स्वतंत्र्य का अधिकार होता है।

संघ के शारीरिक कार्यक्रमों को दीनदयाल उपाध्याय बहुत ठीक प्रकार नहीं कर पाते थे, लेकिन बौद्धिक परीक्षा में वे प्रथम आए। इस संदर्भ में श्री बाबा साहब आपटे लिखते हैं, 'पंडित दीनदयालजी ने उत्तरपुस्तिका में कई हिस्से पद्यबद्ध लिखे थे, किंतु वह केवल तुकबंदी नहीं थी अथवा केवल कल्पना का विचार भी नहीं था। गद्य के स्थान पर पद्य का माध्यम अपनाया गया था। विवेचन नपे-तुले शब्दों में था और तर्कशुद्ध था। मैं प्रभावित हुए बिना नहीं रह सका।'

अपनी पढ़ाई पूर्ण करने तथा संघ का द्वितीय वर्ष का प्रशिक्षण प्राप्त करने के बाद दीनदयाल उपाध्याय राष्ट्रीय स्वयंसेवक संघ के प्रचारक बन गए। वह आजीवन संघ के प्रचारक ही रहे। 1942 से 1951 तक उन्होंने उ.प्र. राष्ट्रीय स्वंयसेवक संघ में जीवनव्रती प्रचारक के नाते दायित्व वहन किया।

दीनदयाल उपाध्याय के इस निर्णय से उनके परिजन बहुत परेशान हुए।

उनके मामाजी उनसे इसलिए नाराज थे कि प्रशासनिक परीक्षा उत्तीर्ण करने के बावजूद प्रशासन की नौकरी करना स्वीकार नहीं किया। अध्यापकीय क्षेत्र में अपनी रुचि के कारण उन्होंने कानपुर से बी.टी. किया था। परिजनों की अपेक्षा थी कि प्रशासक न सही दीनदयाल अध्यापक की नौकरी तो अब स्वीकार कर ही लेंगे, लेकिन तब उन्हें बहुत दुःख हुआ, जब दीनदयाल घर-द्वार छोड़कर संन्यासीवत् संघ के जीवनव्रती प्रचारक बन गए। उ.प्र. के लखीमपुर जिले में, जिला प्रचारक के नाते उनकी नियुक्ति हुई। बी.टी. करके दीनदयाल अपने मामाजी के घर नहीं गए। 1940 में मुसलिम लीग द्वारा पाकिस्तान निर्माण का प्रस्ताव पारित करने के बाद सांप्रदायिक पृथकतावाद, उन्माद एवं हिंसाचार बढ़ गया था। दीनदयाल का मन इस अवस्था के प्रतिकार के लिए मचल रहा था। वे परिवार को भूलकर संघ के काम में तल्लीन हो गए।

उन्होंने एक पत्र में अपने मामा को लिखा, "हमारे पतन का कारण हममें संगठन की कमी है। बाकी बुराइयाँ, अशिक्षा आदि तो पतित अवस्था के लक्षण मात्र हैं।... रही व्यक्तिगत नाम और यश की बात, सो तो आप जानते ही हैं कि गुलामों का कैसा नाम और कैसा यश?"

अपने कार्य की प्रेरणा इस युवा काल में उन्होंने इतिहास की जिस धारा से ग्रहण की थी, उसकी ओर भी वह इस पत्र में संकेत करते हैं—

'जिस समाज और धर्म की रक्षा के लिए राम ने वनवास सहा, कृष्ण ने अनेकों कष्ट उठाए, राणा प्रताप जंगल-जंगल मारे गए, शिवाजी ने सर्वस्व अर्पण कर दिया, गुरु गोविंद के छोटे-छोटे बच्चे जीतेजी किले की दीवारों में चुने गए, क्या उसके खातिर हम अपने जीवन के आकांक्षाओं का, झूठी आकांक्षाओं का त्याग भी नहीं कर सकते?'

1942 से 1945 तक वे लखीमपुर में ही प्रचारक रहे। पहले उन्होंने जिले का तथा बाद में विभाग का काम सँभाला। उनकी कार्यसिद्धता, संस्कारक्षमता एवं बौद्धिक प्रखरता को देखते हुए 1945 में ही उन्हें संपूर्ण उ.प्र. का सह-प्रांत प्रचारक बना दिया गया। उन दिनों उ.प्र. के प्रांत प्रचारक

श्री भाऊ राव देवरस थे। दीनदयालजी की संगठनात्मक प्रतिभा एवं संघ कार्य में उनके योगदान के विषय में भाऊराव लिखते हैं—

'संघ के उन प्रारंभिक दिनों में जब कार्य कंटकाकीर्ण था, उस समय तुम (श्री उपाध्याय) कार्य के लिए चल निकले। तब संघ कार्य के विचारों को उ.प्र. में कोई जानता नहीं था। तुमने स्वयंसेवक के नाते इस कार्य का जुआ अपने कंधे पर उठा लिया। उ.प्र. के संघ कार्य की नींव में तुम्हीं हो। आज का यह संघ का रूप तुम्हारे ही परिश्रम का, तुम्हारे ही कर्तव्य का फल है। अनेक संघ कार्यकर्ता तुम्हारे जीवन की प्रेरणा लेकर चल रहे हैं। अपने जीतेजी तुम इसी मार्ग पर चलने को प्रोत्साहित करते रहो।...हे आदर्श स्वयंसेवक! संघ के संस्थापक के मुख से आदर्श स्वयंसेवक के गुणों पर भाषण सुना था, तुम उसके मूर्तिमंत प्रतीक थे। प्रखर बुद्धिमत्ता, असामान्य कर्तृत्व, निरहंकार व नम्रता के आदर्श।'

राष्ट्रीय स्वयंसेवक संघ इन प्रारंभिक दिनों में उ.प्र. के विश्वविद्यालयीन केंद्रों पर अधिक पुष्पित व पल्लवित हुआ। दीनदयाल उपाध्याय बहुत मात्रा में इसके लिए कारणीभूत थे। जब महात्मा गांधी की हत्या के बाद संघ पर प्रतिबंध लगा, दीनदयाल उपाध्याय प्रचार एवं सत्याग्रह संचालन के सूत्रधार बने। 'पाञ्चजन्य' को सरकार ने प्रतिबंधित कर दिया। दीनदयाल ने भूमिगत रहते हुए 'हिमालय' निकाला। वह भी जब्त कर लिया गया, उन्होंने 'राष्ट्रभक्त' निकाला। इसी दौरान राष्ट्रीय स्वयंसेवक संघ का संविधान लिखा गया। दीनदयाल उपाध्याय की इसमें महत्त्वपूर्ण भूमिका थी।

❑

लेखक एवं पत्रकार

राष्ट्रीयता एवं राष्ट्रीय स्वातंत्र्य के संदर्भ में प्रचलित धारणाओं से भिन्न विचार था, राष्ट्रीय स्वयंसेवक संघ का। संघ के किशोर विद्यार्थी बड़ी संख्या में आया करते थे। अप्रैल 1946 की बात है, एक प्रांतीय बैठक में प्रांत प्रचारक भाऊराव ने यह चिंता व्यक्त की कि हमारा विचार बाल सुलभ भाषा में उपलब्ध नहीं है, वास्तव में बाल साहित्य की बहुत आवश्यकता है। दीनदयालजी ने चुपचाप यह बात सुनी। रातभर वह लिखते रहे। प्रातःकाल पांडुलिपि भाऊराव को सौंपते हुए बोले, 'देखिए, यह पुस्तक बाल स्वयंसेवकों के लिए कैसी रहेगी।' सभी देखकर चमत्कृत हुए, रात भर में दीनदयालजी ने एक बाल उपन्यास लिख डाला। उनकी प्रथम पुस्तक 'सम्राट् चंद्रगुप्त' नाम से प्रकाशित हुई।

स्वतंत्रता के तत्कालीन प्रयत्नों से संघ की सहमति नहीं थी व उसमें नीतिमत्ता व वीरवृत्ति का अभाव देखते थे। 'सम्राट् चंद्रगुप्त' में ऐतिहासिक पात्रों चंद्रगुप्त व चाणक्य के माध्यम से दीनदयाल उपाध्याय ने पराक्रम और रणनीतिकुशल स्वातंत्र्य प्रयत्नों की और किशोर हृदयों को प्रवृत्त करने का प्रयत्न किया। वे अपने प्रयत्न में सफल रहे। अपने 'मनोगत' विचार का प्रतिपादन वे बखूबी इसी पुस्तिका में कर सके हैं। कथा प्रवाह इतना प्रखर है कि एक बार पुस्तक आरंभ करने पर उसे पूरा पढ़ने का आकर्षण उत्पन्न होता है। वैचारिक तथा दार्शनिक पक्ष से पुस्तक को बोझिल नहीं होने दिया गया है। भावों की तेजस्विता, भाषा का लालित्य और कथा का प्रवाह इस कृति की विशेषता है।

'सम्राट् चंद्रगुप्त' बाल उपन्यास लोकप्रिय हुआ, इससे यह माँग उठी कि तरुणों के लिए भी ऐसी ही कोई पुस्तक लिखी जानी चाहिए। इस अपेक्षा की पूर्ति में दीनदयालजी ने 'जगद्‌गुरु शंकराचार्य' नाम से अपना दूसरा उपन्यास लिखा।

दीनदयाल उपाध्याय की यह द्वितीय औपन्यासिक कृति, जिसमें पात्र एवं घटनाएँ पुरानी हैं, पर भाव एवं विचार तथा परिवेश नया है। दीनदयाल जिस शाखा पद्धति से संघ कार्य करते थे, उसमें समय देने के लिए जवानों को प्रेरित करना, उनमें देश के सांस्कृतिक गौरव का अभिमान उत्पन्न करना तथा अपना जीवन समर्पित करने की आकांक्षाएँ पैदा करना इसी कृति का उद्‌देश्य था।

'सम्राट् चंद्रगुप्त' तथा 'जगद्‌गुरु शंकराचार्य', जिनका प्रणयन क्रमशः 1946 और 1947 में हुआ, दीनदयाल उपाध्याय के संपूर्ण साहित्य में ये दो ही साहित्यिक कृतियाँ हैं। उनका साहित्यिक रूप इन प्रथम कृतियों में ही इतना प्रगल्भतापूर्ण है कि यदि दीनदयाल उपाध्याय अपने आगामी जीवन में साहित्यिक क्षेत्र को चुनते तो वे संभवतः भारत के बड़े साहित्यकारों में गिने जाते। लेकिन 1947 के बाद उन्होंने किसी अन्य साहित्यिक कृति का सृजन नहीं किया। आगे का उनका साहित्यिक विचार प्रधान है। वह आर्थिक, सामाजिक, राजनैतिक, सांस्कृतिक एवं दार्शनिक के रूप में प्रकाशित हुआ है। इस साहित्य में वह लालित्य व भावप्रवणता नहीं है, जो इन प्रथम दो रचनाओं में है।

राष्ट्रीय स्वयंसेवक संघ के प्रचारक रहते हुए ही उन्होंने अनेक पत्र-पत्रिकाओं का संचालन किया। दीनदयाल उपाध्याय के प्रयत्न और प्रेरणा से 1945 में मासिक 'राष्ट्रधर्म' व साप्ताहिक 'पाञ्चजन्य' का प्रकाशन प्रारंभ हुआ। बाद में 'स्वदेश' दैनिक भी चला। इन पत्रिकाओं में प्रत्यक्ष संपादक दीनदयाल उपाध्याय कभी नहीं रहे, लेकिन वास्तविक संचालक, संपादक व आवश्यकता होने पर उसके 'कंपोजिटर', 'मशीनमैन' व सबकुछ दीनदयाल उपाध्याय ही थे।

अखंड भारत क्यों ?

यही वह दौर था, जब दीनदयाल राष्ट्रीय स्वयंसेवक संघ के माध्यम से राष्ट्रवाद का जन-जन में जागरण कर रहे थे। लेकिन कुटिल साम्राज्यवादी अंग्रेज कुछ और ही योजना बना रहा था। उसने आजादी के आंदोलन को सत्ता लिप्सा के अभियान में बदल दिया। अंग्रेजों ने भारत से जाने की शर्त के रूप में संप्रदाय के आधार पर वर्णित द्वि-राष्ट्रवाद के आधार पर भारत विभाजन की शर्त रख दी। भारत का नेतृत्व उसका प्रतिवाद नहीं कर सका तथा अंग्रेज भारत विभाजन करके यहाँ से चला गया। भारत विभाजन के दौर में भयानक रक्तपात हुआ। देश, भारत को एक राष्ट्र माननेवाले तथा भारत में द्विराष्ट्र माननेवाले में बँट गया। इसी हिंसाचार ने महात्मा गांधी को भी लील लिया। उनकी जघन्य हत्या हुई।

भारत विभाजन ने दीनदयालजी को बहुत आहत किया। उन्होंने प्रखरतापूर्वक अपना पक्ष रखा। दीनदयाल उपाध्याय के अनुसार, 'अखंड भारत देश की भौगोलिक एकता का ही परिचायक नहीं, अपितु जीवन के भारतीय दृष्टिकोण का द्योतक है, जो अनेकता में एकता का दर्शन करता है। अतः हमारे लिए अखंड भारत कोई राजनैतिक नारा नहीं है।...बल्कि यह तो हमारे संपूर्ण जीवनदर्शन का मूलाधार है।'

अखंड भारत की अवधारणा से संबंधित ऐतिहासिक, भौगोलिक एवं सांस्कृतिक पृष्ठभूमि का विश्लेषणार्थ उपाध्याय ने 'अखंड भारत क्यों?' नाम की पुस्तिका लिखी, जिसमें उन्होंने प्राचीन भारत साहित्य को संदर्भित करते हुए भारत में युगों से चली आई, उस सांस्कृतिक एवं राजनैतिक परंपरा का उल्लेख किया है, जो भौगोलिक भारत को एक एकात्म राष्ट्र के रूप में विकसित करने में समर्थ हुई थी। इस पुस्तिका में सामग्री जहाँ तथ्यान्वेषी है, वहीं भाषा बहुत भाव प्रवण है।''... दिल्ली में हमारे नेता कुमकुम-तिलक लगा रहे थे, जबकि पंजाब में हमारी माताओं और बहनों का सिंदूर पुछ रहा था। 'वंदेमातरम्' का जयघोष करके हम माता के वे हाथ काट चुके थे, जिनसे वह हमें आशीर्वाद देतीं।...दिल्ली के लाल किले पर तिरंगा फहराकर

स्वतंत्रता की घोषणा की गई, किंतु रावी के जिस तट पर स्वतंत्रता की प्रतिज्ञा दोहराई गई थी, वह हमसे छिन चुका था।''

भारत विभाजन के लिए उपाध्याय अपनी पुस्तिका में मुसलिम पृथकत्व की नीति, अंग्रेजों की 'फूट डालो व राज करो' की नीति, कांग्रेस की राष्ट्रीयता की विकृत धारणा व तुष्टिकरण की नीति को जिम्मेदार मानते हैं। 20 दिसंबर, 1887 को दिए गए सर सैयद अहमद के उस भाषण का, जिसमें उन्होंने मुसलमानों को कांग्रेस से तथा हिंदुओं से अलग रहने की सलाह दी थी, उपाध्याय ने सुविस्तृत वर्णन किया है। यह भाषण मुसलिम पृथकतावाद का प्रथम प्रकटीकरण था, जो अलीगढ़ मुसलिम यूनिवर्सिटी, मुसलिम लीग और अंततः पाकिस्तान की माँग के रूप में विकसित हुआ।

कांग्रेस की हिंदू–मुसलिम नीति को तथा मिश्रित संस्कृति के सिद्धांत को परोक्षतः द्वि–राष्ट्रीयतावादी बताते हुए उपाध्याय निरूपित करते हैं कि मुसलिमों की अलग संस्कृति तथा इस संस्कृति के पोषण के विचार ने तुष्टिकरण को जन्म दिया, राष्ट्रीयता की अवधारणा को विकृत किया : ''खिलाफत आंदोलन को राष्ट्रीय आंदोलन करार देकर हमने अपनी राष्ट्रीयता को ही कलंकित नहीं किया, बल्कि मुसलमानों के मन में यह धारणा उत्पन्न कर दी कि उन्हें राष्ट्रीय बनने के लिए इसलाम के नाम पर प्रचलित भारत की बाह्य प्रवृत्तियों को छोड़ने की जरूरत नहीं है, बल्कि उनपर आग्रह किया तो वह भी भारत को राष्ट्रीयता का अंग बना सकती है। फलतः 1923 में काकीनाडा कांग्रेस के अध्यक्ष मो. मोहम्मद अली ने 'वंदेमातरम्' का विरोध किया।''

कांग्रेस की इस प्रवृत्ति ने आम मुसलिम समाज को पृथकतावादी मुसलिम नेतृत्व के पीछे खड़ा कर दिया। 1935–36 के चुनावों में यद्यपि मुसलिम लीग को अधिक सफलता नहीं मिली थी, किंतु कांग्रेस सरकार को मुसलिम तुष्टिकरण की नीति का लाभ उठाकर मुसलमानों ने अपना संगठन खूब बढ़ाया। जिन्ना ने कांग्रेस से समझौता करने के लिए पहले 14–सूत्रीय तथा 21–सूत्रीय कार्यक्रम रखा; किंतु समझौता नहीं हुआ। कारण, वह समझौता चाहते ही नहीं थे। कांग्रेस मंत्रीमंडल के पदत्याग पर लीग ने 'मुक्ति दिवस'

मनाया तथा लाहौर में 1940 में 'पाकिस्तान' को अपना ध्येय घोषित किया।''

दीनदयाल उपाध्याय यह नहीं मानते कि विभाजन स्वीकार न करने पर भारत आजाद नहीं होता तथा भयानक खून-खराबा होता। उनकी मान्यता है कि ''कांग्रेस के नेता यदि डटे रहते तथा भारत की जनजागृति की मदद करते तो अंग्रेज अखंड भारत को छोड़कर जाते और सत्ता कांग्रेस के ही हाथ में सौंपकर जाते।'' रक्तपात के विषय में उनका मत है, ''भारत विभाजन के पूर्व और पश्चात् के नरमेध में जितनी बलि चढ़ी है, उतनी दोनों पिछले महायुद्धों में भी नहीं चढ़ी, फिर लूट, अपहरण और हत्याकांड में मानव का जो जघन्यतम पशुभाव प्रकट हुआ, वह तो युद्ध में कहीं नहीं हुआ।''

विभाजन से हमारी किसी भी समस्या का समाधान नहीं हुआ; बल्कि समस्या और जटिल हुई। भारत की अंतरराष्ट्रीय शक्ति को न्यून करने में भी पाकिस्तान से हमारा झगड़ा बहुत बड़ी भूमिका अदा कर रहा है। हिंदू मुसलिम समस्या ज्यों-की-त्यों है। भारत के राजनैतिक दल उसी मिश्रित संस्कृति और राष्ट्रीयता की अवधारणा को अब भी अपना आधार बनाए हुए है। परिणामत: मुसलिम पृथकतावाद आजाद भारत में भी बल ग्रहण कर रहा है तथा उनकी यह अवधारणा पाकिस्तान के अस्तित्व को तार्किक आधार प्रदान करती है। समाधान की दृष्टि से अपनी पुस्तिका के अंत में उपाध्याय कहते हैं— ''वास्तव में भारत को अखंड करने का मार्ग युद्ध नहीं है। युद्ध से भौगोलिक एकता हो सकती है, राष्ट्रीय एकता नहीं। अखंडता भौगोलिक ही नहीं, राष्ट्रीय आदर्श भी है। देश का विभाजन दो राष्ट्रों के सिद्धांत तथा उसके साथ समझौते की प्रवृत्ति के कारण हुआ। अखंड भारत एक राष्ट्र का सिद्धांत पर मन, वचन एवं कर्म से डटे रहने पर सिद्ध होगा। जो मुसलमान आज राष्ट्रीय दृष्टि से पिछड़े हुए हैं। वह भी आपके सहयोगी बन सकेंगे, यदि हम राष्ट्रीयता के साथ समझौते की वृत्ति त्याग दें। आज की परिस्थिति में जो असंभव लगता है, वह कालांतर में संभव हो सकता है, किंतु आवश्यकता है कि आदर्श हमारे सम्मुख सदा ही जीवित रहे।''

राष्ट्रीयता के साथ समझौता न करने की अपनी मानसिकता को वह

एक अन्य लेख में इस प्रकार अभिव्यक्त करते हैं, ''यदि हम एकता चाहते हैं तो भारतीय राष्ट्रीयता, जो कि हिंदू राष्ट्रीयता है तथा भारतीय संस्कृति, जो कि हिंदू संस्कृति है, उसका दर्शन करें, उसे मानदंड मानकर चलें। भागीरथी की इस पुण्यधारा में सभी प्रवाहों का संगम होने दें। यमुना भी मिलेगी और अपनी सारी कालिमा खोकर गंगा की धवल धारा में एकरूप हो जाएगी।''

उनकी यह 'अखंड भारत क्यों' पुस्तक उस संक्रमण काल में लिखी गई, जब वह प्रत्यक्ष संघ कार्य से राजनैतिक क्षेत्र की दिशा में प्रयाण कर रहे थे, उनका लेखन कार्य सतत चलता रहा। यथा प्रसंग उसका वर्णन आगे के अध्यायों में होगा।

❑

राजनीति में संस्कृति के राजदूत

महात्मा गांधीजी ने कहा था—अब कांग्रेस को भंग कर देना चाहिए तथा विचारधारा के आधार पर पृथक्-पृथक् दल बनने चाहिए। विचारधारा के कारण ही समाजवादियों ने कांग्रेस छोड़ दी थी। डॉ. श्यामाप्रसाद मुखर्जी भी स्वतंत्र भारत के मंत्रीमंडल में प्रथम उद्योग मंत्री थे। 1950 में नेहरू-लियाकत समझौता हुआ। मुखर्जी इसके खिलाफ थे, उन्होंने कांग्रेस सरकार से त्याग-पत्र दे दिया। 21 अक्तूबर 1951 में डॉ. मुखर्जी की अध्यक्षता में 'भारतीय जनसंघ' की स्थापना हुई। इसके पूर्व डॉ. मुखर्जी राष्ट्रीय स्वयंसेवक संघ के सरसंघचालक श्री मा.स. गोलवलकर से मिले थे। राष्ट्रीयता की अवधारणा के संबंध में दोनों सहमत हुए। श्री गोलवलकर अपने एक आलेख में लिखते हैं—"...जब ऐसा मतैक्य हुआ तब मैंने अपने निष्ठावान् एवं तपे हुए सहयोगियों को चुना, जो निस्स्वार्थी और दृढनिश्चयी थे, जो नए दल की स्थापना का भार अपने कंधों पर ले सकते थे।...इस प्रकार डॉ. मुखर्जी अपनी आकांक्षा भारतीय जनसंध की स्थापना के रूप में साकार कर सके।"

उन्होंने यह भी लिखा है कि "हम दोनों (डॉ. मुखर्जी और गोलवलकर) ने अपने-अपने संगठन और कार्य क्षेत्र की दृष्टि से महत्त्वपूर्ण कदम परस्पर विचार विनिमय के बिना नहीं उठाते थे। ऐसा करते समय हम इस बात पर भी ध्यान रखते थे कि एक-दूसरे के कार्य में हस्तक्षेप या दोनों संगठनों के परस्पर संबंध के विषय में भ्रम उत्पन्न न हो तथा एक-दूसरे पर हावी होने का प्रयत्न न हो।"

श्री गोलवलकर ने जिन निस्स्वार्थी व दृढनिश्चयी सहयोगियों को नए दल का कार्यभार ग्रहण करने के लिए मुखर्जी को दिया, उनमें सबसे महत्त्वपूर्ण थे—पं. दीनदयाल उपाध्याय। भारतीय जनसंघ का प्रथम अधिवेशन 29, 30 व 31 दिसंबर, 1952 को कानपुर में संपन्न हुआ था। दीनदयाल उपाध्याय इस नवीन दल के महामंत्री निर्वाचित हुए। यहीं से अखिल भारतीय स्तर पर दीनदयाल उपाध्याय की राजनैतिक यात्रा प्रारंभ होती है। अपनी वैचारिक क्षमता को उन्होंने प्रथम अधिवेशन में ही प्रकट किया। कुल 15 प्रस्ताव इस अधिवेशन में पारित हुए, जिनमें से सात अकेले दीनदयाल उपाध्याय ने प्रस्तुत किए। डॉ. मुखर्जी नवनिर्वाचित महामंत्री दीनदयाल उपाध्याय से पूर्व परिचित नहीं थे। लेकिन कानपुर अधिवेशन में उन्होंने उपाध्याय की कार्यक्षमता, संगठन कौशल एवं वैचारिक प्रगल्भता का अनुभव किया। उस आधार पर उन्होंने यह प्रसिद्ध वाक्य कहा, ''यदि मुझे दो दीनदयाल मिल जाए तो मैं भारतीय राजनीति का नक्शा बदल दूँ।''

दीनदयाल उपाध्याय का कोई व्यक्तिगत जीवन न था। वे राष्ट्रीय स्वयंसेवक संघ के जीवन समर्पित प्रचारक थे। भारतीय जनसंघ को अपने जीवन का ध्येय कार्य उन्होंने संघ के स्वयंसेवक के नाते ही स्वीकार किया था। अतः संघ जनसंघ के अलावा उनका कोई अन्य सार्वजनिक एवं व्यक्तिगत जीवन नहीं था। वे 17 वर्ष तक जनसंघ के महामंत्री के नाते उसके संगठनकर्ता एवं विचारक रहे।

सिद्धांत एवं विचारों के विषय में गोलवलकर ने मुखर्जी से जिस प्रकार स्पष्ट व आग्रहपूर्वक चर्चा की थी तद्नुसार दीनदयाल उपाध्याय ने प्रथम कानपुर अधिवेशन से ही जनसंघ की कमान सँभाल ली थी तथा वैचारिक दृष्टि से जनसंघ के चरित्र को स्पष्ट करनेवाला 'सांस्कृतिक पुनरुत्थान' प्रस्ताव उन्होंने रखा था। भौगोलिक अथवा क्षेत्रीय राष्ट्रवाद कल्पना को नकारते हुए उन्होंने कहा, ''जनसंघ का मत है कि भारत तथा अन्य देशों के इतिहास का विचार करने से यह सिद्ध होता है कि केवल भौगोलिक एकता, राष्ट्रीयता के लिए पर्याप्त नहीं है। एक देश के निवासी 'जन' एक राष्ट्र तभी

बनते हैं, जब वे एक संस्कृति द्वारा एक रूप कर दिए गए हों। जब तक भारतीय समाज एक संस्कृति का अनुगामी था, तब तक अनेक राज्य होते हुए भी जनों की मूलभूत एकता बनी रही, परंतु जब से विदेशी शासकों ने अपने लोगों के संवर्धन के लिए देश एकात्मता को भंग कर विदेशपरक संस्कृतियों को इस देश में जन्म दिया है, तब से भारत की राष्ट्रीयता संकटपन्न हो गई। अनेक शताब्दियों तक एक राष्ट्र का घोष करते हुए भी भारत में मुसलिम संप्रदायवादियों के द्विराष्ट्रवाद की विजय हुई। देश विभक्त हुआ और पाकिस्तान में गैर मुसलिमों का रहना असंभव हो गया। दूसरी ओर भारत में मुसलिम संस्कृति को अलग मानकर उसकी रक्षा और संवर्धन के ब्याज से उसी द्वि-राष्ट्र वाली प्रवृत्ति का पोषण हो रहा है, जो राष्ट्र निर्माण के मार्ग में बाधक हैं। अतः '''भारत की एक राष्ट्रीयता के विकास और दृष्टिकोण के हेतु यह नितांत आवश्यक है कि भारत में एक संस्कृति का पोषण हो।''

इसी प्रस्ताव में बिना किसी संप्रदाय का नाम लिये उनके भारतीयकरण के लिए समाज से आह्वान किया गया। ''...किंतु समाज का राष्ट्र के प्रति कर्तव्य है कि भारतीय जनजीवन के तथा अपने उन अंगों के भारतीयकरण का महान् कार्य अपने हाथ में ले, जो विदेशियों द्वारा स्वदेशपरांगमुख तथा प्रेरणा के लिए विदेशाभिमुख बना दिए गए हैं। हिंदू समाज को चाहिए कि उन्हें स्नेहपूर्वक आत्मसात् कर ले। केवल इसी प्रकार सांप्रदायिकता का अंत हो सकता है और राष्ट्र का एकीकरण तथा दृढता निष्पन्न हो सकती है।''

भारतीय जनसंघ को भारत में अन्य राजनैतिक दलों से पृथक् करनेवाला यह महत्त्वपूर्ण प्रस्ताव है। कांग्रेस, समाजवादी व साम्यवादी दल, हिंदू मुसलमानों की मिश्रित संस्कृति एवं पश्चिमी विचारकों द्वारा प्रस्तुत 'क्षेत्रीय राष्ट्रवाद' तथा 'राष्ट्रीय राज्य' की कल्पना को मानते हुए भौगोलिक और राजनीतिक आधार पर 'भारतीय राष्ट्रीयता' पर विश्वास करनेवाले हैं। मुसलमानों की अलग संस्कृति तथा मजहबी अल्पसंख्यकों के नाते उनके अनेक मजहबी एवं सांस्कृतिक विशेषाधिकारों के संरक्षण के हिमायती हैं। दूसरी ओर हिंदू महासभा मुसलमानों का भारतीय के नाते अस्तित्व ही स्वीकार नहीं

करती। डॉ. श्यामाप्रसाद मुखर्जी ने इसीलिए हिंदू महासभा से त्याग पत्र दिया तथा जनसंघ का दरवाजा सभी मजहबों के लिए खोला। उपाध्याय ने मुसलिम व ईसाई के लिए 'हिंदू समाज' के ही 'अपने उन अंगों' शब्द का प्रयोग किया तथा उन्हें 'भारतीय जनजीवन' का अंग स्वीकार किया है। परोक्षत: यह स्वीकार किया है कि मुसलिम समाज को पृथक् करने में हिंदू समाज का कोई अपना भी दोष है, जिसे अब ठीक करना चाहिए अर्थात् उन्हें 'स्नेह' व 'आत्मीयता' प्रदान करनी चाहिए। तभी मुसलमानों की सांप्रदायिकता के समस्या का समाधान होगा। मुसलमानों अथवा ईसाइयों की अलग संस्कृति और उसके संरक्षण के विचार को तथा अल्पसंख्यक-बहुसंख्यक विचार को वे राष्ट्र के लिए विभेदकारी तथा सांप्रदायिक विचार मानते थे। सभी दलों के घोषणा-पत्र में व्यक्त किए गए विचारों पर टिप्पणी करते हुए दीनदयाल ने अपना मंतव्य इस प्रकार प्रकट किया "...कांग्रेस, प्रसोपा, स्वतंत्र पार्टी व कम्युनिस्टों द्वारा किया गया विश्लेषण यह स्पष्ट करता है कि इस देश में अल्पसंख्यकों के साथ न्याय नहीं किया जा रहा है।...भारतीय जनसंघ इस प्रकार बहुसंख्यक और अल्पसंख्यक संज्ञाओं को न तो उचित समझता है तथा न इस विभाजन को स्वीकार करता है। वह भारत को अखंड, अविभाज्य और एक राष्ट्र समझता है। संपूर्ण राष्ट्र की संस्कृति एक है इस बात पर दृढ विश्वास और आस्था रखता है कि जनसंघ धर्मों के आधार पर भिन्न संस्कृतियों के कल्पना को स्वीकार नहीं करता। वह तो एक राष्ट्रीय संस्कृति एवं एक देश का सिद्धांत मानता है। इस बात को जानते हुए भी एक ऐतिहासिक और कुछ अन्य कारणों से इस देश के जन समाज का कुछ अंश राष्ट्र जीवन की पुनीत मूलधारा से पृथक् हो गया है और कुछ अंशों में राष्ट्र विरोधी भी हो गया है। उनका उपचार करने में जनसंघ विश्वास करता है। उनकी पृथकतावादी मनोवृत्ति का समर्थन करने के लिए वह कदापि तत्पर नहीं।...हमारे अनुसार तो राष्ट्र एक जीवमान इकाई है।" राष्ट्रीयता की यह संस्कृतिवादी अवधारणा ही जनसंघ की मौलिकता है। अत: 'केवल लोक कल्याणकारी राज्य' की अवधारणा तथा 'सेक्युलरवाद' की भौतिकवादी राजनीति जनसंघ की प्रेरणा

नहीं बन सकी, जो कि सामान्यत: पश्चिमी देशों के सभी लोकतांत्रिक दलों का मूलाधार है। इसलिए दीनदयाल उपाध्याय कहते हैं, ''जनसंघ मूलत: संस्कृतिवादी है। संस्कृति की आधारशिला पर हमारा आर्थिक, राजनैतिक और सामाजिक चिंतन खड़ा है।''

दीनदयालजी ने भारतीय जनसंघ को आकार दिया, विस्तार दिया तथा एक विशिष्ट व्यवहार भी दिया, लेकिन वे परंपरागत अर्थों में राजनैतिक नेता नहीं थे। एक महत्त्वपूर्ण घटना का उल्लेख करना यहाँ जरूरी है 1964 में राजस्थान राष्ट्रीय स्वयंसेवक संघ का ग्रीष्मकालीन संघ शिक्षा वर्ग उदयपुर में हो रहा था। अपने बौद्धिक वर्ग में उन्होंने कहा—''स्वयंसेवक को राजनीति के अलिप्त रहना चाहिए जैसे कि मैं हूँ।'' यह वाक्य पहेली सरीखा था। अत: रात्रि में प्रश्नोत्तर के सत्र में उनसे सवाल पूछा गया, आप एक राजनैतिक दल के अखिल भारतीय महामंत्री हैं, आप राजनीति से अलिप्त कैसे हैं? दीनदयालजी ने जवाब दिया कि ''मैं राजनीति के लिए राजनीति में नहीं हूँ वरन् मैं राजनीति में संस्कृति राजदूत हूँ। राजनीति का संस्कृति से शून्य हो जाना अच्छा नहीं है।'' अत: उनका आग्रह रहता था कि हमें भारतीय जनसंघ को एक संस्कृतिवादी दल के रूप में विकसित करना है।

❑

राष्ट्रीय अखंडता की राजनीति

अखंड भारत की जिस सैद्धांतिक पृष्ठभूमि में जनसंघ का जन्म हुआ था, उसके कारण जनसंघ की आवाज पहले दिन से ही राष्ट्रीय अखंडता एवं द्वि-राष्ट्र के विचार उत्पन्न हुए, पाकिस्तान-विरोध के मुद्दों को मुखरित करनेवाली सिद्ध हुई। आंतरिक मुद्दों में भी जितनी भावात्मकता के साथ जनसंघ ने प्रांतीय, जातीय व भाषिक पृथकतावादों का प्रतिकार किया है, उतना अन्य किसी ने नहीं। जनसंघ के इस राष्ट्रवादी आग्रह के पुरोधा दीनदयाल उपाध्याय ही थे। उन्होंने ही एक ऐसा राजनीतिक दल विकसित किया, जो सामुदायिक व भौतिक स्वार्थों के आधार पर संगठित अन्य राजनैतिक दलों की तुलना में राष्ट्रीय एकता व अखंडता के मुद्दों को न केवल आंदोलन का विषय बना सका वरन् लोगों को इन मुद्दों पर संगठित कर बलिदान के लिए भी तैयार कर सका।

कश्मीर आंदोलन

भारतीय जनसंघ द्वारा चलाए गए कश्मीर आंदोलन के तीन प्रसिद्ध नारे थे—एक देश में दो विधान—नहीं चलेंगे। एक देश में दो प्रधान—नहीं चलेंगे। एक देश में दो निशान—नहीं चलेंगे।

इसका संचालन मुख्य रूप से जम्मू की प्रजा-परिषद् ने किया। 6 मार्च, 1953 को डॉ. मुखर्जी ने बिना अनुमति-पत्र प्राप्त किए कश्मीर में प्रवेश कर कश्मीर को, भारत में संपूर्णतः विलय करवा देने के लिए सत्याग्रह किया

तथा अपना बलिदान दे दिया। उपाध्याय ने कश्मीर आंदोलन के लिए देश भर से सत्याग्रही जुटाने और संगठन को तद्निमित्त सक्रिय करने में अपनी भूमिका निभाई। कश्मीर प्रसंग पर अपने विचारों को अभिव्यक्त करने के लिए उन्होंने 'पाञ्चजन्य' के कश्मीर अंक में एक लंबा लेख लिखा। दीनदयाल उपाध्याय आजादी और विभाजन के तुरंत पश्चात् कश्मीर पर किए गए पाकिस्तानी आक्रमण के प्रति भारत सरकार की ढिलाई, कश्मीर प्रसंग पर संयुक्त राष्ट्रसंघ को पंच बनाना, कश्मीर के भविष्य के लिए जनमत संग्रह की बात करना तथा उसे संविधान में अनुच्छेद 370 के माध्यम से विशेष दरजा देना आदि विषयों में की गई व्यावहारिक तथा सैद्धांतिक भूलों का सविस्तार वर्णन किया।

इस संदर्भ में यहाँ एक और घटना उल्लेखनीय है। भारतीय जनसंघ की गैर वामपंथी दल की छवि उभरी थी। अतः अपने आपको दक्षिणपंथी माननेवाली स्वतंत्र पार्टी की यह इच्छा थी कि जनसंघ का स्वतंत्र पार्टी में विलय हो। जनसंघ के भी कुछ लोग इसके समर्थक थे। अतः अनेक विलय वार्त्ताएँ हुईं, चुनावी गठबंधन भी हुए। उसी समय स्वतंत्र पार्टी के महामंत्री मीनू मसानी ने वक्तव्य दिया कि वे जनसंघ की कश्मीर नीति से सहमत नहीं हैं। उनके विचार में पाकिस्तान से इस संदर्भ में वार्त्ता आवश्यक थी तथा संयुक्त राष्ट्र की मध्यस्थता के भी वे हिमायती हैं। दीनदयाल उपाध्याय इससे सहमत नहीं थे। उन्होंने जनसंघ और स्वतंत्र पार्टी का गठबंधन तोड़ दिया और कहा, "मैं मसानी को धन्यवाद देता हूँ कि उन्होंने अपना मंतव्य इन स्पष्ट शब्दों में प्रकट किया। उनकी इस घोषणा ने हमें चुनाव संबंधी उस समझौते के बंधन से मुक्त कर दिया है, जो स्वतंत्र दल के नेताओं की पाक व कश्मीर नीति के कारण हमारे लिए परेशानी का कारण बन गया था। यह स्वभाविक है कि जनसंघ किसी भी ऐसे दल से समझौता न करे, जो देश के किसी भूभाग को आक्रमणकारी के हाथ सौंपने का विचार रखता है।...अच्छाई-बुराई के लिए हमें श्री मसानी के उपदेशों की आवश्यकता नहीं है। देश की एकता और अखंडता का प्रश्न हमारी श्रद्धा का विषय है। उसकी प्राप्ति के लिए हम कोई भी कसर उठा नहीं रखेंगे।"

❑

गोवा मुक्ति आंदोलन

यह अपने आप में आश्चर्य की बात है कि संसार भर में उपनिवेशवाद का विरोध करनेवाली भारत सरकार पर, स्वयं भारत की धरती पर स्थापित पांडिचेरी और गोवा-दमन-द्वीव पर फ्रांसीसी तथा पुर्तगाली उपनिवेशवाद के खिलाफ, काररवाई करने के लिए दबाव डालना पड़ा। 1952 के प्रथम कानपुर अधिवेशन में ही दीनदयाल उपाध्याय ने इन बस्तियों को मुक्त करवाने का प्रस्ताव रखा था। इस संदर्भ में 2 मई, 1954 को भारतीय जनसंघ ने देश भर में इस विदेशी उपनिवेशवाद के खिलाफ जनजागरण करने और नेहरू पर दबाव डालने के लिए 'विलय दिवस' का आयोजन किया था। इस संदर्भ में इंदौर से वक्तव्य जारी करते हुए उपाध्याय ने कहा, ''भारत ने फ्रांसीसी बस्तियों के निवासियों ने साम्राज्यवादी जाति से मुक्त होने के लिए एक शांतिपूर्ण संघर्ष प्रारंभ कर दिया है...भारत सरकार को 'ठहरो व देखो' की नीति छोड़कर भारत के विरुद्ध इन बर्बरताओं का अंत करने के लिए एक शक्तिशाली कदम उठाना चाहिए। तत्काल पुलिस काररवाई करने की शीघ्रातिशीघ्र आवश्यकता है।''

9 से 16 दिसंबर, 1954 को भारतीय जनसंघ ने 'गोवा मुक्ति' सप्ताह का आयोजन किया तथा 14 अप्रैल, 1955 को केंद्रीय कार्यकारी समिति ने भारत सरकार से गोवा मुक्ति के लिए पुलिस काररवाई की माँग करते हुए 'गोवा मुक्ति समिति' का निर्माण किया। देश भर में जनसंघ ने गोवा को पुर्तगाल सालाजार शासन से मुक्त करवाने के लिए व्यापक लोकजागरण

अभियान छेड़ा। 21 जून, 1955 को डॉ. श्यामाप्रसाद मुखर्जी ने बलिदान-दिवस के अवसर पर गोवा में जाकर सत्याग्रह करने का निश्चय किया। तद्नुसार भारतीय जनसंघ के सचिव जगन्नाथ राव जोशी के नेतृत्व में 101 सत्याग्रहियों ने गोवा में प्रवेश किया। उनका उत्पीड़न हुआ। मध्यप्रदेश के श्री राजा भाऊ महाकाल व उ.प्र. के श्री अमीरचंद गुप्त का बलिदान हो गया। दीनदयालजी ने गोवा सत्याग्रह के लिए प्रभूत लेखन एवं देश भर का प्रवास किया। अन्य दलों, विशेषकर समाजवादी दल ने भी, इस सत्याग्रह में भाग लिया; लेकिन कांग्रेस का व्यवहार दुर्भाग्यपूर्ण रहा।

गोवा में पुलिस काररवाई के लिए सरकार को बाध्य करने तथा भारत की आजादी को पूर्ण करवाने के लिए भारतीय जनसंघ व दीनदयाल उपाध्याय सत्याग्रहपूर्वक सक्रिय रहे और भारत भूमि से उपनिवेशवाद के ये चिह्न समाप्त हो सके।

बेरूबाड़ी हस्तांतरण के खिलाफ जन-अभियान

पश्चिम बंगाल, असम तथा त्रिपुरा के साथ लगती भारतीय सीमा के अंकन के विषय में भारत के प्रधानमंत्री जवाहरलाल नेहरू और पाकिस्तान के प्रधानमंत्री सर फिरोज खान नून के मध्य एक समझौता हुआ, जिसके अनुसार जलपाईगुड़ी जिले के बेरूबाड़ी यूनियन क्षेत्र को पाकिस्तान को सौंपना भारत ने स्वीकार कर लिया। इस प्रसंग की पृष्ठभूमि के बारे में जनसंघ की यह व्याख्या उल्लेखनीय है, "1958 में पाकिस्तान कई महीने तक लगातार असम के कूचबिहार जिले तथा त्रिपुरा के सीमावर्ती क्षेत्र में अंधाधुंध गोली वर्षा करता रहा और उसने असम के तुकेर ग्राम तथा त्रिपुरा के लखीमपुर ग्रामों पर कब्जा कर लिया।...इसी संबंध में सचिवों के स्तर पर कराची में एक सम्मेलन हुआ जो असफल रहा। बाद में भारत व पाकिस्तान के प्रधानमंत्रियों के बीच वार्त्ता हुई, जिसके फलस्वरूप 10 सितंबर, 1958 को नेहरू-नून समझौते का जन्म हुआ...(समझौते में) तुकेर ग्राम तथा लखीमपुर का उल्लेख भी नहीं किया गया। उन्हें पाकिस्तान के अवैध अधिकार में रहने

दिया गया। यह काफी बुरी बात थी; किंतु प्रधानमंत्री ने इससे भी बुरा काम और किया। उन्होंने पाकिस्तान को ऐसे प्रश्न नए सिरे से खड़े करने की अनुमति दे दी, जिनके संबंध में विभाजन के बाद से अब तक कभी विवाद नहीं रहा। उसके अनुसार पश्चिम बंगाल के 24 परगना जिले के इच्छामति नदी का तटवर्ती क्षेत्र जलपाईगुड़ी का बेरूबाड़ी यूनियन तथा कूचबिहार के टापुओं का विनिमय निश्चित किया गया, जिसके परिणामस्वरूप भारत को क्षेत्रफल का घाटा हुआ।…नेहरू-नून समझौते में इन सभी ब्यौरे की बातों को सरकार द्वारा भारतीय जनता से छुपाकर रखा गया और उनका पता तभी लगा, जब पाकिस्तान के प्रधानमंत्री सर फिरोज खान नून ने पाकिस्तान की राष्ट्रीय सभा में इसकी घोषणा की।" पश्चिम बंगाल की जनता ने इसका बहुत विरोध किया। जनसंघ ने इसके खिलाफ देशव्यापी आंदोलन प्रारंभ किया। पश्चिम बंगाल के विधानसभा तथा विधान परिषद् ने सर्वसम्मति से इसके खिलाफ प्रस्ताव पारित किया। मुख्यमंत्री विधानचंद्र राय ने विधानसभा में कहा, "यह समझौता पश्चिम बंगाल की जनता का विश्वास संपादन किए बिना किया गया है।" जनमत के दबाव में राष्ट्रपति ने बेरूबाड़ी के हस्तांतरण के प्रश्न को सर्वोच्च न्यायालय की सम्मति जानने के लिए प्रेषित किया। सारे मामले पर विचार कर सर्वोच्च न्यायालय ने सर्वसम्मत निर्णय दिया कि "आज की स्थिति में भारत के किसी भी भू-भाग को दूसरे देश को सौपना असंवैधानिक है।" इस पर सरकार ने संविधान में 'नोवा संशोधन विधेयक' प्रस्तुत किया। जनसंघ ने लोकसभा के सम्मुख दीनदयाल उपाध्याय के नेतृत्व में विशाल प्रदर्शन की घोषणा की, लेकिन लोकसभा में अपने बहुमत के बल पर सरकार ने यह विधेयक पारित करवा लिया। थोड़े ही समय बाद "चीन ने आक्रमण किया और देश में आपातकालीन स्थिति की घोषणा की गई तथा भारत को अपमानित करने के उद्देश्य से पाकिस्तान ने चीन से गठजोड़ कर लिया। इस नई परिस्थिति में सब लोग आशा करते थे कि अब बेरूबाड़ी को देने का प्रस्ताव समाप्त कर दिया जाएगा। परंतु आश्चर्य है कि हस्तांतरण की काररवाई फिर से प्रारंभ की गई तथा वहाँ के जन-विरोध को लाठी चार्ज तथा

भारी गिरफ्तारियों के सहारे से दबाया (गया) जा रहा है।"

सरकार के इस व्यवहार से दीनदयाल उपाध्याय बहुत क्षुब्ध हुए तथा उन्होंने नेहरूजी की आलोचना करते हुए कहा, "पंडित नेहरू कितने भी तानाशाह हो सकते हैं, किंतु हम उन्हें इतना निर्दयी और क्रूर नहीं मानते हैं, जो निरंकुश बनने के लिए आवश्यक रहता है, इसके विपरीत उनमें अनेक गुण हैं। जिन्होंने उन्हें अत्याचारी होने से रोका है।...आज परिस्थितियाँ ऐसी हो गई हैं कि पंडित नेहरू भारत के भाग्यनिर्माता लगने लगे हैं। यह स्थिति जनतंत्र-प्रेमियों, यहाँ तक कि पंडित नेहरू के लिए भी अहितकर है।"

कच्छ-करार विरोधी विराट् प्रदर्शन

कच्छ-करार से लेकर ताशकंद घोषणा (1965-66) तक की घटनाएँ जवाहर लाल नेहरू तथा लाल बहादुर शास्त्री की प्रतिरक्षा संबंधी नीतियों का अंतर दरशाती है। पाकिस्तान को पहली बार भारत की ओर से सैनिक-आक्रमण का जवाब सैनिक प्रत्याक्रमण से दिया गया। उपाध्याय इसका विस्तारपूर्वक ब्यौरा देते हुए अपने प्रतिवेदन में कहते हैं, "फरवरी (1965) में पाकिस्तान सीमा पुलिस ने कच्छ के रण में घुसपैठ प्रारंभ कर दी। 17 मार्च को पाकिस्तान के रैंजर्स ने भारतीय सीमा में 13 सौ गज अंदर आकर कंजरकोट पर कब्जा कर लिया। यह काररवाई बढ़ती गई। 25 मार्च को उन्होंने डिंग पर अधिकार कर लिया, जहाँ भारतीय सीमा पुलिस के थोड़े से सिपाहियों को 6 मील पहले विंगोकोट तक हटाना पड़ा।...कच्छ में पाकिस्तान और आगे बढ़ा तथा दिनांक 9 अप्रैल को भारी सेना और तोपों के साथ उसने सरदान चौकी तथा विंगोकोट पर हमला कर दिया। अभी तक भारत सरकार ने भारत सीमा सुरक्षा का भार केवल सीमा पुलिस पर छोड़ रखा था। किंतु देश का जनमत अधिकाधिक क्षुब्ध हो रहा था। फलतः सेना को कच्छ की सुरक्षा का भार सौंपा गया। सेना ने पहुँचकर पाकिस्तानियों को पीछे खदेड़ना प्रारंभ किया। फलतः दिनांक 14 अप्रैल, 1965 को पाकिस्तान ने युद्ध-विराम का तथा विवादों को बातचीत से सुलझाने का प्रस्ताव रखा। भारत ने

उसे यह कहकर अमान्य कर दिया कि कच्छ के रण का कोई विवाद नहीं है। तथा जबतक पाकिस्तान कंजरकोट और भारत की संपूर्ण भूमि को खाली करके पीछे नहीं हट जाता, युद्ध विराम नहीं होगा।

"दिनांक 24 अप्रैल को पाकिस्तान ने भारत की सीमा चौकी पॉइंट 84 पर आक्रमण कर दिया। इस आक्रमण ने अमेरिकी टैंकों का भी प्रयोग किया। जो कि अमेरिका से हुई सैन्य-शर्तों के विपरीत था। भारत द्वारा अमरीका की दृष्टि में यह तथ्य लाया गया, किंतु अमेरिका ने उस ओर कोई ध्यान नहीं दिया। इससे पाकिस्तान का हौसला बढ़ा और उसने आगे चलकर युद्ध में अमेरिकन शस्त्रों का खुलकर प्रयोग किया।"

"जैसे ही भारतीय सेनाओं ने शत्रु के मुकाबले तथा प्रत्याक्रमण के लिए मोर्चाबंदी की, ब्रिटेन के प्रधानमंत्री विल्सन की अपील पर पहले तो व्यवहार में युद्ध-विराम स्वीकार कर लिया तथा बाद में राष्ट्रमंडल में प्रधानमंत्रियों के सम्मेलन में पाकिस्तान के साथ अनौपचारिक बातचीत के परिणामस्वरूप कच्छ के रण के विवाद को पंच-फैसले के सुपुर्द करने का फैसला कर लिया।" यही भारत और पाकिस्तान के मध्य हुआ कच्छ-करार था। स्वाभाविक रूप से उपाध्याय पाकिस्तान द्वारा हड़पी हुई भूमि को मुक्त करवाने के पूर्व शास्त्री द्वारा युद्ध-विराम को स्वीकार न करने की घटना को आजाद भारत के प्रतिरक्षा के इतिहास में प्रथम अभिनंदनीय घटना मानते हैं, लेकिन 'कच्छ-करार' में स्वीकार किए गए पंच फैसले का उन्होंने तीव्र विरोध किया।

इस समझौते के खिलाफ एवं कच्छ-रण में सैनिक विजय के पक्ष में भारतीय जनसंघ ने अभूतपूर्व जनजागरण किया। 16 अगस्त, 1965 को भारत के इतिहास का वृहद्तम राष्ट्रीय प्रदर्शन श्री बच्छराज व्यास और पं. दीनदयाल उपाध्याय के नेतृत्व में संसद् के समक्ष हुआ। भारत ही नहीं, विश्व भर में प्रेस ने इस प्रदर्शन की प्रभावोत्पादकता, अनुशासनप्रियता, विशालता एवं राष्ट्रवादी उत्साह को मान्यता प्रदान की। बी.बी.सी. ने प्रदर्शनकारियों की संख्या अनुमानतः 5 लाख बताई। भारत के अनेक विरोधी दलों के नेताओं ने इस विशाल रैली को संबोधित किया। इस प्रदर्शन का तात्कालिक

परिणाम यह हुआ कि प्रधानमंत्री लालबहादुर शास्त्री ने भारत-पाक विदेश मंत्रियों की 20 अगस्त, 1965 की पूर्व नियत प्रस्तावित बैठक रद्द कर दी। जनसंघ ने अपने प्रस्ताव में कहा यदि जनता इसी प्रकार क्रियाशील और जागरूक रही तो कच्छ समझौता कोरा-कागज मात्र बनकर रह जाएगा।

भारत-पाक युद्ध—1965 ताशकंद घोषणा

पाकिस्तान के लिए यह नवीन अनुभव था। अब तक वह समझौतों व अंतरराष्ट्रीय दबावों के बल पर सदा लाभ में रहता आया था। 20 अगस्त की बैठक रद्द होने से कच्छ-समझौता व्यावहारिक अर्थों में बेकार हो गया था। पाकिस्तान ने कश्मीर में बड़े पैमाने पर घुसपैठिए भेजकर आंतरिक विद्रोह करवाने का प्रयत्न किया, लेकिन भारतीय सेना ने उसे भी विफल करते हुए पाक अधिकृत कश्मीर के उन हिस्सों पर कब्जा कर लिया, जहाँ से घुसपैठिए भारतीय क्षेत्र में प्रवेश करते थे। 25 अगस्त को भारतीय सेनाओं ने घुसपैठियों के सब मार्ग रोक दिए। उसने युद्ध-विराम रेखा को पार कर कारगिल चोटी व हाजीपीर दर्रे पर अधिकार कर लिया।

1 सितंबर, 1965 को पाकिस्तान ने छंब सीमा पर टैंकों और तोपों के साथ भारी सेना लेकर आक्रमण कर दिया। अब यह स्पष्ट हो गया कि पाकिस्तान बड़ी लड़ाई की तैयारी कर रहा था। 5 सितंबर को पाकिस्तान ने अमृतसर पर हवाई हमला किया। 6 सितंबर को भारतीय सेनाएँ लाहौर और स्यालकोट की ओर बढ़ीं। इन सब घटनाओं का 'आँखों देखा हाल' सरीखा वर्णन करते हुए उपाध्याय ने अपने प्रतिवेदन में कहा, 'जनसंघ जिस रणनीति की माँग कर रहा था, उसका उस दिन आरंभ हुआ।'

6 सितंबर को लाल बहादुर शास्त्री ने सर्वदलीय बैठक बुलाई, जिसमें दीनदयाल उपाध्याय और सरसंघचालक श्री गुरुजी (मा.स. गोलवलकर) को भी आमंत्रित किया गया था। जनसंघ तथा संघ ने युद्ध-प्रयत्नों के साथ अपने आपको एकरूप कर लिया था। उन्होंने सरकार को हर प्रकार के सहयोग का विश्वास दिलाया। युद्ध के उन दिनों का वर्णन दीनदयाल उपाध्याय

बहुत आनंद एवं गौरवपूर्ण शब्दों में इस प्रकार से करते हैं, ''पाकिस्तान के साथ युद्ध का, 22 दिन का, स्वतंत्र्योत्तर भारत के इतिहास में एक गौरवपूर्ण अध्याय है। भारतीय शासन ने एक साहसपूर्ण पग उठाने का निर्णय लिया। सेना और जनता सबने अत्यंत ही उत्साह, लगन, धैर्य, कुशलता और वीरतापूर्वक उस निर्णय को कार्यान्वित किया। इस अवसर पर देश को अपनी शक्ति व कमजोरियों का ज्ञान हुआ। शत्रु और मित्र का पता चला। स्वाभिमान और स्वावलंबन जागा। स्वप्नलोक से उतरकर ठोस जमीन पर चलने और दूर की मंजिल तय करने की महत्त्वाकांक्षा जागी। भारतीय जनसंघ की विचारधारा देश की विचारधारा बन गई।''

संयुक्त राष्ट्रसंघ ने शांति के नाम पर युद्ध बंद करने की माँग की। लेकिन भारत ने अपनी भूमि पर पाकिस्तानी आक्रमण के बने रहते हुए युद्ध-विराम से इनकार कर दिया। 1949 में भी संयुक्त राष्ट्रसंघ के आग्रह पर ही भारत ने युद्ध-विराम किया था, लेकिन 16 वर्षों तक भारत की भूमि को पाकिस्तान ने दबाए रखा, संयुक्त राष्ट्रसंघ ने कुछ नहीं किया। भारतीय जनसंघ ने 'गुलाम कश्मीर' को पूरी तौर पर मुक्त करवाए बिना युद्ध-विराम स्वीकार न किया जाए, इसके लिए जन-दबाव को मुखरित बनाए रखा। देश में एक यौद्धिक जोश परिव्याप्त हो चुका था।

17 सितंबर, 1965 को रूस के प्रधानमंत्री के आग्रह पर युद्ध-विराम की घोषणा तथा ताशकंद में सोवियत संघ की मध्यस्थता में भारत के प्रधानमंत्री और पाकिस्तान के राष्ट्रपति का शिखर-सम्मेलन तय हुआ। दीनदयाल उपाध्याय ने इस घोषणा का विरोध किया। श्री गुरुजी मा. स. गोलवलकर ने 'श्री शास्त्री ताशकंद न जाएँ' इसका देश भर की सभाओं में बोलते हुए, बार-बार आग्रह किया। लेकिन जो होना था, वो टाला नहीं जा सका। 10 जनवरी, 1967 को ताशकंद घोषणा पर लाल बहादुर शास्त्री तथा पाकिस्तान के राष्ट्रपति मोहम्मद अयूब खान के हस्ताक्षर हुए। उस रात को प्रधानमंत्री शास्त्री का रहस्यपूर्ण ढंग से हृदयगति रुककर देहावसान हो गया। घोषणा में यह लिखा था, ''भारत के प्रधानमंत्री और पाकिस्तान के राष्ट्रपति सहमत हुए कि दोनों

देशों के सशस्त्र सैनिक 5 अगस्त, 1965 से पूर्व स्थिति में वापस चले जाएँगे यहाँ वापसी का कार्य 25 फरवरी, 1966 के बाद नहीं होगा। (अर्थात् इसके पूर्व ही हो जाएगा)। दोनों पक्ष युद्ध-विराम रेखा पर युद्ध-विराम की शर्तों का पालन करेंगे।''

अर्थात् कश्मीर के जिस भारतीय भू-भाग को मुक्त करवाया गया था, भारत उस भू-भाग को पुनः पाकिस्तान के हवाले कर देगा। शास्त्री यदि जीवित भारत आते तो संभवतः भारतीय जनसंघ उनका काले झंडों से स्वागत करता, लेकिन उनके बलिदान से स्थिति बदल गई। उपाध्याय ने ताशकंद घोषणा के खिलाफ 'विश्वासघात' नामक पुस्तक लिखी। ताशकंद घोषणा को अस्वीकार करने की माँग की। उपाध्याय इस बात से दुःखी थे कि इतने बलिदान व राष्ट्रीय उत्साह के बावजूद भारत-भूमि से पाकिस्तान का आक्रमण समाप्त नहीं किया जा सका। युद्धकाल में जिन लाल बहादुर शास्त्री को दीनदयाल उपाध्याय ने 'राष्ट्रीय नायक' का गौरवपूर्ण स्थान प्रदान किया था, ताशकंद-घोषणा के बाद 'जय जवान जय किसान' के संदर्भ में वे कहते हैं, '' 'जय जवान' का नारा हम ताशकंद में भूल गए और अमेरिकी गेहूँ मिलते ही 'जय किसान' भी भूल गए। यह प्रवृति अच्छी नहीं है। कोई भी विदेशी सहायता बिना किसी शर्त के नहीं मिलती।''

वे भारत को परमाणु शक्ति-संपन्न बनाना चाहते थे। उनका मत है कि हमारे अणुबम से न तो विश्व-शांति को खतरा है और न ही हम विश्व-शांति के ठेकेदार हैं, ''विश्व को नष्ट करने के लिए जितने परमाणु बमों की आवश्यकता है, अमेरिका और रूस के पास उससे कहीं अधिक मात्रा में बम हैं; किंतु अभी तक युद्ध नहीं हुआ। अतः कांग्रेस सरकार विश्व-शांति का भार भगवान् पर छोड़कर परमाणु शस्त्र निर्माण का कार्य प्रारंभ करे।'' (सौभाग्य से श्री दीनदयालजी के अनुयायी श्री अटल बिहारी वाजपेयी 1998 में भारत के प्रधानमंत्री बने, विश्व-शक्तियों को ठेंगा दिखाते हुए भारत को परमाणु शक्ति संपन्न बनाया)।

राज्य पुनर्गठन

देश की आंतरिक अखंडता के संदर्भ में पंडित दीनदयाल उपाध्याय मूलतः संघात्मक संविधान व्यवस्था के ही खिलाफ थे; वे चाहते थे कि भारत में विकेंद्रीकृत 'एकात्म शासन' की व्यवस्था होनी चाहिए। संघात्मक ढाँचे को स्वीकार करने के कारण यह दायित्व हमें ओढ़ना पड़ा कि हम संघ के सदस्यभूत राज्यों का निर्माण करें। भाषावार राज्य रचना का सिद्धांतः स्वीकार किया गया; इसी कारण अनेक कठिनाइयाँ आईं। संघवाद व भाषा को राज्य-रचना का आधार मानने की आलोचना करते हुए उपाध्याय लिखते हैं कि "एक प्रशासनिक इकाई के निर्माण में जिन तत्त्वों का महत्त्व है, उनमें 'भाषा' भी एक है; किंतु यह नहीं माना जा सकता कि वह एकमेव कसौटी है। भाषा का प्रशासन में विशेषकर प्रजातंत्रीय प्रशासन में महत्त्वपूर्ण स्थान है। इसलिए सामान्यतः भाषाई सीमाएँ ही प्रदेशों की सीमा बन गई है, किंतु कुछ लोग भाषा का इतना अतिरेकी एवं एकात्मक विचार करते रहे हैं कि उससे 'उपराष्ट्रवाद' की बू आने लगती है; जनसंघ उसे उचित नहीं समझता।" अतः उन्होंने माँग की कि "एक कमीशन बैठाया जाए, जो प्रांतों की पुनर्रचना करे, यह कहना कि प्रांतों की भाषा अलग-अलग है, व संस्कृति भिन्न-भिन्न है, एक सैद्धांतिक भूल है।" साथ ही उपाध्याय को प्रादेशिक इकाइयों को 'राज्य' कहने में भी आपत्ति है। उनका मानना है कि भारत एक ही राज्य है, अनेक राज्यों का संघ नहीं। इसीलिए वे सुझाव देते हैं कि 'संघ राज्य' एवं 'राज्य' के स्थान पर क्रमशः 'केंद्रीय शासन' और 'प्रदेश' शब्दों का प्रयोग किया जाना चाहिए। यह एकात्मक शासन की ओर एक कदम होगा। भारतीय जनसंघ के प्रथम कानपुर अधिवेशन में ही प्रादेशिक इकाइयों के 'पुनर्गठन' के लिए 'आयोग' की माँग करते हुए प्रस्ताव पारित किया गया था।

सन् 1954 में 'राज्य पुनर्गठन आयोग' की स्थापना हुई। दीनदयाल उपाध्याय ने आयोग को एक विस्तृत ज्ञापन दिया, जिसमें राज्य-रचना के एक मात्र भाषा आधार को निरस्त कर अन्य व्यावहारिक आधारों की व्याख्या करने का आग्रह किया। भारतीय जनसंघ के प्रांतीयता व भाषावाद से निरपेक्ष

पुनर्गठन नीति के विषय में वक्तव्य देते हुए उन्होंने कहा, "...अगर बंबई में एक भी महाराष्ट्रियन न हो तो भी बंबई महाराष्ट्र में मिलाया जाना चाहिए। वैसे ही कलकत्ता में एक भी बंगाली न हो तो वह बंगाल का अंग है। हमें भौगोलिक दृष्टि से पुनर्गठन का विचार करना चाहिए...मैं यह बात मानने को तैयार नहीं हूँ कि वहाँ के लोग क्या कहते हैं? क्या हम बार-बार ऐसे छोटे-छोटे पहलुओं पर जनमत लेंगे?...देश में एक ही राज्य चलेगा, वह आज नहीं तो कल बनेगा।"

देश भर में विभिन्न, समुदायों व दलों ने आयोग को बहुत ज्ञापन दिया। अपने अपने हिसाब से राज्यों के सीमा-निर्धारण में अपना पक्ष प्रस्तुत किया। जब आयोग ने सरकार को अपना प्रतिवेदन प्रस्तुत कर दिया तो जनसंघ ने प्रतिवेदन का स्वागत किया। उपाध्याय ने कहा, हमने साधारणतः प्रतिवेदन का स्वागत ही किया है। कई महानुभावों ने तो यहाँ तक कहा है कि यह प्रतिवेदन तो मोटे तौर पर जनसंघ की सिफारिशों के अनुसार ही तैयार किया गया है।

दीनदयाल उपाध्याय का मत था कि आयोग के अभिप्रस्तावों के संबंध में जल्दी-से-जल्दी निर्णय करके उनको क्रियान्वित किया जाए।" लेकिन सरकार ने घोषणा की कि रिपोर्ट पर सरकारों व विधानमंडलों की राय ली जाएगी तथा अंतिम फैसले के लिए संसद् के समक्ष उसे प्रस्तुत किया जाएगा। उपाध्याय राज्य सरकारों व विधानमंडलों की राय जानने की आवश्यकता नहीं समझते थे तथा चाहते थे कि 'संसद् सर्वप्रभुता संपन्न संस्था है', उसी को निर्णय लेना चाहिए। परिणामतः देश में प्रांतीयतावादी वीभत्स बहस हुई, दंगों और हिंसक आंकलनों की छाया में भारत के तथाकथित 'राज्यों' का निर्माण हुआ।

भाषा-नीति

भारत जैसे बहुलता संपन्न समाज एवं विस्तृत भू-प्रदेश की भाषा-नीति का निर्धारण एक विकट समस्या है। संपूर्ण भारत की कई एक भाषा इतिहास

में कभी रही है क्या? इसका उत्तर सरल नहीं है। भाषा विज्ञान के आधार आर्यभाषा एवं द्रविड़भाषा का जो लोग विवेचन करते हैं, वह दक्षिण की भाषाओं को संस्कृतेत्तर भाषा मानते हैं; लेकिन दीनदयाल इस संदर्भ में पूरी दृढता से विश्वास करते हैं कि संस्कृत संपूर्ण भारत के विद्वज्जन की व्यवहार भाषा थी तथा दक्षिण की भाषा संस्कृतेत्तर नहीं है।

मध्यकालीन आक्रमणों के संपर्क से उत्पन्न अरबी लिपि में लिखी जानेवाली पर्शियन भाषाधारित उर्दू और अंग्रेजों के कारण आरोपित अंग्रेजी संपर्क भाषा, दोनों को वे राष्ट्रीय स्वाभिमान को आहत करनेवाली भाषाएँ मानते थे। संस्कृतिनिष्ठ हिंदी को भारत की असंदिग्ध राष्ट्र भाषा बनाना चाहते थे; लेकिन प्रादेशिक भाषाओं के वास्तविक स्थिति और अंग्रेजी के वर्चस्व के कारण यह सरल नहीं था। उपाध्याय अपने जीवनकाल में चल रहे भाषा विवाद में सक्रियतापूर्वक शामिल रहकर प्रखरता एवं तर्कपूर्वक अपना मत प्रतिपादित करते रहे। अनेक मुद्दों पर व्यावहारिक समझौते भी उन्होंने किए। भाषा को राजनीति का मुद्दा बना देने से भाषा संदर्भित राष्ट्रीय स्वाभिमान की क्षति हुई तथा हिंदी के विकास में बाधा उत्पन्न हुई। उपाध्याय कहते हैं, "राजनीतिज्ञ भाषा के नाम पर लड़ सकते हैं, पर भाषा का सृजन नहीं कर सकते।"

हिंदी की असमर्थता तथा अंग्रेजी की व्यावहारिक सार्वेदेशिकता के संदर्भ में दीनदयालजी अपनी स्वराज्यवादी भावनाओं को प्रस्तुत करते हुए प्रतिपादित करते हैं कि "हमारे स्वातंत्र्य संग्राम के प्रारंभिक दिनों में ब्रिटिश समर्थक तत्त्वों को हमारा सामान्य उत्तर होता था कि 'स्वराज्य' (सेल्फरूल) की प्यास को 'सुराज्य' (गुडरूल) से नहीं बुझाया जा सकता। आज भी 'स्वभाषा' की आवश्यकता की पूर्ति 'सुभाषा' से नहीं हो सकती।"

वे संपर्क अथवा राष्ट्रीय भाषा के संदर्भ को राष्ट्रीय अखंडता के साथ ही जोड़ते थे। अत: उनका मत था कि भारत की प्राचीनतम भाषा संस्कृत को संवैधानिक राष्ट्र भाषा का दरजा दिया जाए तथा हिंदी को राष्ट्र की संपर्क भाषा के रूप में विकसित किया जाए। वे हिंदी पक्ष के प्रबल प्रवक्ता थे,

लेकिन 1957 में बेंगलुरु तथा एक दशक बाद 1967 में कालीकट के अधिवेशनों ने उन्हें हिंदी की सीमाओं का एहसास करवाया। भाषा का आग्रह यदि भारत को उत्तर और दक्षिण में विभक्त कर दें तो दीनदयालजी की राष्ट्रीय अखंडता की राजनीति का वह आग्रह नहीं बन सकती। अतः अंग्रेजी का विकल्प भारतीय भाषाओं में तलाशने की उनकी आकांक्षा बढ़ी। राष्ट्रीय अखंडता की राजनीति के तौर पर भाषा नीति को वह सांगोपांग ढंग से तराश पाते, नियति ने उन्हें अकाल ही हम से छीन लिया।

❑

लोकतंत्र के पुरोधा

दीनदयाल उपाध्याय भारतीय संस्कृति के अधिष्ठान पर ही राष्ट्रीय स्वातंत्र्य को गाढ़ना चाहते थे। अत: पाश्चात्य अवधारणाएँ, जो सामान्यत: सर्वसम्मत सी मानी जाती हैं, दीनदयाल उनके अंधे अनुयायी बनने को तैयार नहीं थे। पाश्चात्य राज्य परिकल्पना, पाश्चात्य सेक्युलरिज्म, पाश्चात्य लोकतंत्र तथा पाश्चात्यों के विभिन्न वाद, इन सब पर दीनदयाल अपनी भारतीयतावादी टिप्पणी करते हैं तथा वे इन सब परिकल्पनाओं के भारतीयकरण के हिमायती हैं। वे मानते थे कि लोकतंत्र भारत को पश्चिम की देन नहीं है भारत की राज्यावधारणा प्रकृतित: लोकतंत्रवादी है। वे लिखते हैं, ''वैदिक 'सभा' और 'समिति' का गठन जनतंत्रीय आधार पर ही होता था तथा मध्यकालीन अनेक राज्य पूर्णत: जनतंत्रीय थे। राजतंत्रीय व्यवस्था में भी हमने राजा को मर्यादाओं में जकड़कर प्रजानुरागी ही नहीं, प्रजा (जन) अनुगामी भी माना है। इन मर्यादाओं का अतिक्रमण करनेवाले नृपतियों के उदाहरण अवश्य मिल सकते हैं। किंतु उनके विरुद्ध जनता का विद्रोह तथा उनको आदर्श शासक न मानकर, हीनता की श्रेणी में गिनने के प्रयत्नों से ही हमारी मौलिक जनतंत्रीय भावना की पुष्टि होती है।'' दीनदयाल कहते हैं, ''लोकतंत्र की एक व्याख्या की गई है कि वह वाद-विवाद से चलनेवाला राज्य है। 'वादे-वादे जायते तत्त्व बोधा:' कि यह हमारे यहाँ की पुरानी उक्ति है। किंतु···यदि दूसरे दृष्टिकोण को समझने का प्रयत्न न करते हुए अपने ही दृष्टिकोण का आग्रह करते जाएँ, तो 'वादे-वादे जायते कंठशोषा:' यह उक्ति चरितार्थ होगी। वाल्टेयर ने

जब कहा कि 'मैं तुम्हारी बात सत्य नहीं मानता; किंतु अपनी बात कहने के तुम्हारे अधिकार के लिए मैं पूरी शक्ति से लड़ूँगा'। तो उसने मनुष्य के केवल 'कंठशोषा:' को ही स्वीकार किया। भारतीय संस्कृति इससे आगे बढ़कर 'वाद-विवाद' को 'तत्त्वबोध' के साधन के रूप में देखती है।'' पश्चिम में प्रजातंत्र के उदय की प्रक्रिया, उसके पूँजीवाद के रूप में विकृत हो जाने एवं कार्लमार्क्स की तानाशाही परक प्रतिक्रिया आदि का दीनदयालजी ने विशद विवेचन किया।

लोकतंत्र का भारतीयकरण

दीनदयाल उपाध्याय लोकतंत्र की तात्त्विक अवधारणा से सहमत होते हुए भी, पाश्चात्य निरंकुश राजशाही की प्रतिक्रिया से उत्पन्न, पूँजीवाद पोषित व सर्वसत्तावादी राज्यवाद की प्रतिक्रिया उत्पन्न करनेवाले लोकतंत्र को, भारतीयकृत करना चाहते हैं। लोकतंत्र का भारतीयकरण करने का उन्होंने आह्वान किया।

पश्चिम ने लोकतंत्र को निर्वाचन की एक महत्त्वपूर्ण प्रक्रिया प्रदान की है। संविधान, कार्यपालिका, विधायिका व न्यायपालिका का सृजन किया है; लेकिन यह केवल लोकतंत्र का औपचारिक स्वरूप है। लोकतंत्र की असली आत्मा उसके स्वरूप में नहीं, वरन् जनाकांक्षा को सही रूप से प्रतिबिंबित करने की भावना में है, ''जनतंत्र किसी बाहरी ढाँचे पर निर्भर नहीं रहता। बालिग मताधिकार तथा निर्वाचन पद्धति जनतंत्र के बहुत बड़े अंग हैं; किंतु इनसे ही जनतंत्र की स्थापना नहीं हो जाती। रूस में दोनों ही विद्यमान हैं, किंतु राजनीति विशारद इसे जनतंत्र मानने को तैयार नहीं। मताधिकार तथा निर्वाचन के साथ एक भावना भी जनतंत्र के लिए आवश्यक है।...केवल बहुमत का शासन ही जनतंत्र नहीं है।...ऐसे तंत्र में तो जनता का एक वर्ग सदैव ऐसा रहेगा, जिसकी आवाज चाहे वह सही ही क्यों न हो, दबा दी जाएगी।

जनतंत्र का यह स्वरूप 'सर्वजनसुखाय, सर्व जन हिताय,' नहीं हो सकता। अत: भारतीय जनतंत्र की कल्पना में निर्वाचन, बहुमत, अल्पमत

आदि बाहरी व्यवस्थाओं के स्थान पर सभी मतों के सामंजस्य और समन्वय पर ही बल दिया गया है। विरुद्ध मत रखनेवाला एक व्यक्ति ही क्यों न हो, हमें उसके मत का आदर ही नहीं, बल्कि उसका योग्य समावेश अपनी कार्यपद्धति में करना चाहिए। इंग्लैंड में, जहाँ आज की जनतंत्रीय पद्धति ने सर्वाधिक सफलता प्राप्त की है, विरोधी दल के नेता को सरकारी खजाने से वेतन दिया जाता है। खेल के लिए जैसे दो दलों का होना आवश्यक है, वैसे ही संसद् में दो दलों का होना आवश्यक समझा जाता है। शासन की नीतियों पर विरोधी दल सतत प्रकाश डालता रहता है।''

लोकतमत परिष्कार एवं सामान्य इच्छा

उपाध्याय मानते हैं कि लोकमत का तात्कालिक निर्णय चाहे बहुमत से हो, लेकिन लोकमत केवल बहुमत के शासन व अल्पमतों के वैचारिक स्वतंत्रता से अपने को ठीक प्रकार से अभिव्यक्त नहीं कर पाता। इससे दलीय कटुता एवं समाज में अखंड कलह का निर्माण होता है। अतः लोकतंत्र न बहुमत का शासन है, न अल्पमत का; वह जनता की 'सामान्य इच्छा' का शासन है। जनता अपनी सामान्य इच्छा को औपचारिक रूप से अभिव्यक्त नहीं कर पाती। जब 'सामान्य इच्छा' के बारे में सामाजिक संभ्रम हो तो 'लोकतंत्र' भीड़तंत्र में बदल जाता है।

वाचाल लोग उसका दुरूपयोग कर सकते हैं। उपाध्याय शेक्सपियर ने नाटक 'जूलियस सीजर' का उदाहरण देते हुए कहते हैं, ''जो जनता ब्रूटस के साथ होकर जूलियस सीजर के वध पर हर्ष मना रही थी, वही थोड़ी देर में ऐंटोनियो के भाषण के उपरांत ब्रूटस का वध करने को उद्दत हो गई। मोबोक्रेसी और ऑटोक्रेसी के दोनों पाटों के बीच से डेमोक्रेसी को जीवित रखना एक कठिन समस्या है।'' अतः लोक चेतना के संतुलित विकास की आवश्यकता रहती है, इसी को उपाध्याय प्राचीन भारत की 'लोकमत–परिष्कार' पद्धति कहते हैं। लोकमत–परिष्कार एक सांस्कृतिक प्रक्रिया है। जहाँ साम्यवादी तानाशाही देशों में सत्ता द्वारा 'ब्रेनवॉशिंग' अथवा 'असहमतों के नागरिक

अधिकारों से वंचन' की अपनाई गई प्रक्रिया अमानवीय है। वहीं तथाकथित लोकतंत्र में इस विषय में या तो अराजकता है या सरकारी प्रचारतंत्र को उसका माध्यम बनाया जाता है।

दीनदयाल के मतानुसार : ''भारत ने इस समस्या का समाधान राज्य के हाथ से लोकमत निर्माण के साधन छीनकर किया है। लोकमत-परिष्कार का कार्य है—वीतराग द्वंद्वातीत संन्यासियों का है। लोकमत के अनुरूप चलने का काम है, राज्य का। संन्यासी सदैव धर्म तत्त्वों के अनुसार जनता के ऐहिक एवं आध्यात्मिक उत्कर्ष की कामना लेकर अपने धर्म की मर्यादाओं का ज्ञान करवाते रहते हैं। उनके समक्ष कोई लोभ और मोह न होने के कारण से सत्य का उच्चारण सहज ही कर सकते हैं। शिक्षा और संस्कार से ही समाज के जीवन मूल्य बनते और सुदृढ होते हैं। इन मूल्यों का बाँध बनाने के बाद, लोकेच्छा की नदी कभी अपने तटों का अतिक्रमण करके संकट का कारण नहीं बनेगी।'' उपाध्याय का 'लोकमत-परिष्कार' विचार वैसा ही है जैसा कि लोकतंत्रात्मक जनचेतना के निर्माण के लिए कुछ लोगों ने पश्चिम में 'वी एजुकेट अवर मास्टर्स' का आंदोलन चलाया था। लोकतंत्र की सफलता के लिए जिन मनोभावों की विवेचना उपाध्याय प्रस्तुत करते हैं, उनमें मुख्य है—

1. सहिष्णुता और संयम, 2. अनासक्त भाव तथा 3. कानून के प्रति आदर की भावना। इन मनोभावों की मनोवैज्ञानिक व्याख्या करते हुए, लोकमत परिष्कार के माध्यम से इनका समाज में संचार हो, इसके लिए उन्होंने कार्यकर्ताओं का आह्वान किया।

दीनदयालजी केवल अकादमिक विद्वान् या दार्शनिक ही नहीं थे, वरन् प्रत्यक्ष राजनीतिक क्षेत्र के कार्यकर्ता भी थे। निर्वाचन प्रक्रिया सत्ता स्पर्धा का हथियार नहीं, वरन् सामाजिक सहभागिता का माध्यम है। उसको इसी माध्यम के नाते इस्तेमाल करने के लिए उन्होंने अच्छा उम्मीदवार, अच्छा दल तथा अच्छा मतदाता कैसा होना चाहिए—इस पर भी निर्वाचन काल में ही अपने विचार प्रकट किए हैं। जो उनकी राजनेता नहीं वरन् राजनीतिज्ञ की छवि प्रस्तुत करते हैं।

अच्छा उम्मीदवार : उपाध्याय के मतानुसार…"एक समुचित उम्मीदवार वह है, जो विधानमंडलों में अपने दल के दृष्टिकोण का प्रतिनिधित्व करने के साथ ही अपने क्षेत्र के मतदाताओं की नब्ज को पहचानता है। एक व्यक्ति के नाते उसे अपने मतदाताओं के प्रति वफादार होना चाहिए और एक दल का सदस्य होने के नाते, जिस दृष्टिकोण का वह प्रतिनिधित्व करता है, उस दल के अनुशासन का पालन करने के साथ उसके उद्‌देश्य की पूर्ति के लिए मन में समर्पण का भाव भी रखना चाहिए।"

दल व जन के प्रति समन्वित निष्ठा अच्छे उम्मीदवार की कसौटी है; लेकिन वर्तमान भारतीय दलों द्वारा चयन की कसौटी पर अपना असंतोष प्रकट करते हुए वे कहते हैं कि उन्हें अच्छे उम्मीदवार के बजाय जीतनेवाले घोड़े की चिंता रहती है—

"दुर्भाग्यवश यह कहना पड़ता है कि भारत में शायद ही कोई राजनैतिक दल इन सब बातों की चिंता करता हो और इस कारण उनके मस्तिष्क में केवल यही बात चक्कर काटा करती है कि किसी भी रीति से उसका प्रत्याशी विजयी होना चाहिए।… वह किसी भी ऐसे उम्मीदवार को अपने टिकट से खड़ा करने का प्रयास करते हैं, जिसमें जीत के लक्षण अधिक प्रतीत होते हों।" इसलिए दीनदयाल मतदाताओं को सावधान करते हैं कि "हमें स्मरण रखना होगा कि एक अयोग्य उम्मीदवार इस आधार पर हमारा मत प्राप्त करने का अधिकार नहीं है, क्योंकि उसका संबंध एक अच्छे दल से है।…यह संभावना है कि ऐसे अयोग्य व्यक्ति को अपना टिकट प्रदान करते समय उस दल ने संस्था के लाभ से प्रभावित होकर ऐसा निर्णय लिया हो या ऐसी मंशा न होने के बाद भी उससे निर्णय की भूल हुई हो। अतः उत्तरदायी मतदाता का अब यह कार्य हो जाता है कि वह अपनी जागरूकता का परिचय देकर उक्त गलती को दुरूस्त कर दे।"

अच्छा दल : लोकतांत्रिक व्यवस्था में राजनैतिक दलों की बहुत निर्णायक भूमिका होती है। कोई समाज कितना लोकतांत्रिक है, यह उसके दलों के चरित्र देखकर जाना जा सकता है। उपाध्याय के अनुसार श्रेष्ठ दल के लक्षण

हैं, "जो सत्ता पर अधिकार प्राप्त करने के इच्छुक व्यक्तियों का झुंड न होकर एक जीवमान संगठन हो, जिसका सत्ता प्राप्त करने के अतिरिक्त अपना अलग वैशिष्ट्य हो। ऐसे दल की दृष्टि में सत्ता पर अधिकार करना उद्दिष्ट न होकर, अपने सिद्धांतों एवं कार्यक्रमों को कार्यान्वित करने का एक साधन होगा। इसलिए उस दल के सर्वोच्च पदाधिकारियों से लेकर साधारण-से-साधारण सदस्य तक में अपने इस आदर्शवाद के प्रति एक निष्ठा होगी। हमें स्मरण रखना चाहिए कि यह निष्ठा ही अनुशासन और आत्मसमर्पण की भावना उत्पन्न करती है।...यदि अनुशासन ऊपर से थोपा जाता है तो वह किसी भी दल के आंतरिक शक्तिहीनता को ही प्रकट करता है।"

दीनदयाल उपाध्याय दुःखपूर्वक प्रतिपादित करते हैं कि भारत के राजनैतिक दल केवल नाम के लिए ही दल हैं। दलों की आंतरिक शक्तिहीनता उन्हें समाज के अवांछनीय शक्तियों का अवलंब ग्रहण करने को मजबूर करती है। उपाध्याय मुख्यतः मजबूरियों का उल्लेख करते हैं। 1. राजा-महाराजा, 2. जातिवाद, तथा 3. उद्योगपति।

राजा महाराजा : "भारत के राजनैतिक दल अभी अपनी गहरी जड़ें जनता में जमा नहीं सके हैं।...राजनैतिक दलों को विभिन्न राजनैतिक कार्यक्रम को एक ओर रखकर चुनाव के लिए सिद्ध होना पड़ता है। यही कारण है कि आज भी पुराने राजे-महाराजाओं, नवाबों और जागीरदारों को अपने-अपने दल में घसीटने का प्रयत्न किया जाता है।...हम इस बात को स्वीकार करते हैं कि इस पुराने वर्ग को भी देश के राजनैतिक क्षेत्र में सक्रिय बनाना चाहिए, परंतु उनको टिकट देने का अधार तो राजवंश में उनका जन्म न होकर, उनकी योग्यता ही होनी चाहिए।"

जातिवाद : "जाति और संप्रदाय का विचार भी प्रत्याशियों के चयन को बुरी तरह प्रभावित करते हैं।...भारत में प्रत्येक व्यक्ति किसी-न-किसी जाति का अंग है। अतः दूसरे लोगों पर जातीयता एवं संकीर्णता का आरोप लगाने से अनजाने में ही देश में इस भावना को अप्रत्यक्ष रीति से और अधिक बल मिलता है।...यदि परिस्थिति यहाँ तक बिगड़ती है कि डॉ. राम मनोहर लोहिया जैसे

व्यक्ति को चुनाव मैदान से इसलिए हटाना पड़े कि वे उक्त निर्वाचन क्षेत्र में निवास करनेवाले मतदाताओं की बहुसंख्य जाति के नहीं हैं तो यह एक गंभीर बात होगी; परंतु इसके निराकरण का उपाय तो यही है कि दल के संगठन को दृढ बनाया जाए, न कि जाति के आधार पर मतदाताओं से अपील की जाए।''

उद्योगपति : प्रत्याशियों का चयन करने में प्रत्याशी की आर्थिक स्थिति और निर्वाचन में धन व्यय करने की क्षमता, दूसरा प्रमुख आधार रहा करता है, जो इसे प्रभावित करता है। बहुत से व्यक्तियों को टिकट प्रदान करने का कारण उनके धन व्यय करने की क्षमता ही रहा करती है।...वास्तव में वे जनता और राजनैतिक दलों से उनके मत और टिकट प्राप्त करने नहीं आते, वरन् उन्हें खरीदने आते हैं।...संसद् की सदस्यता तो उनके लिए अपनी चर्बी बढ़ाने एवं अधिक मोटा होने के कारण व्यापार है। कांग्रेस सहित सभी राजनैतिक दल धनाभाव से इतने परेशान हैं कि वे अपनी शक्ति बढ़ाने के लिए इनका सहयोग प्राप्त करने को आतुर रहते हैं।

अच्छे मतदाता : उपाध्याय की यह आस्था है कि मतदाताओं की बुद्धिमता ही इसका इलाज है, ''यह सब ऐसे तथ्य हैं कि जो देश की राजनीति को गलत दिशा में ले जा रहे हैं।''...राजनैतिक दलों को, जो देश की राजनीति में प्रमुख दल के रूप में विकसित होना चाहते हैं, इन खतरों से सचेत रहकर अपने सिद्धांत की हत्या नहीं करनी चाहिए। इसी भाँति जनता का यह कर्तव्य है कि वह जागरूक रहकर बुद्धिमत्ता के साथ हंस के समान अपने नीर-क्षीर-विवेक का परिचय दें, जिससे देश के राजनैतिक दलों के गलत दृष्टिकोण को सुधारा जा सके।'' इस हेतु उपाध्याय मतदाता को निम्न बातें स्मरण रखने का आग्रह करते हैं—

1. ''...अपने मताधिकार का प्रयोग पार्टी के लिए न कर सिद्धांत के लिए, व्यक्ति के लिए न कर पार्टी के लिए और धन के लिए न कर व्यक्ति के लिए (करना) है।

2. ''...प्रचार के शिकार होकर किसी भी व्यक्ति को केवल इस आधार पर ही अपना मत दे आते हैं कि वह विजयी होनेवाला है तो चुनाव परिणाम

कुछ भी हो, वह आपकी हार ही कही जाएगी।''

3. ''…मतदान का अधिकार आपके सद्‌विचार और आपके सद्‌विवेक की कसौटी है। अत: उस ओर से उदासीन न हों, उसे बेचें नहीं और न उसे नष्ट होने दें।''

4. ''…मतदान का अधिकार प्रत्येक नागरिक की स्वाधीनता का प्रतीक है और इस कारण एक लोकतंत्रवादी होने से आपको इसका उपयोग किसी के निर्देश पर न कर स्वयं के सद्‌विवेक एवं आत्मा की पुकार पर करना चाहिए।''

5. ''…जनता को पुन: यह बात ध्यान रखनी चाहिए कि वह ही राजनीति दलों की निर्माता है।''

दीनदयाल उपाध्याय एक राजनीतिक दल के महामंत्री थे, लेकिन उनके उपर्युक्त विचार, दलवाद से ऊपर उठकर एक लोकतंत्रवादी के नाते व्यक्त किए गए विचार हैं। भारत का बहुलतावादी चरित्र अपनी राष्ट्रीय एकता को तभी बनाए रख सकता है, जब देश में लोकतंत्र रहे। उनके राष्ट्रवाद ने ही उन्हें प्रखर लोकतंत्रवादी बनाया था।

दीनदयाल उपाध्याय का लोकतंत्र विषयक विचार लोकतंत्र की पाश्चात्य व भारतीय अवधारणा से प्रारंभ होकर उसके भारतीयकरण अर्थात्‌ 'लोकमत-परिष्कार' की विवेचना करते हुए भारतीय लोकतंत्र के विश्लेषण के साथ पूर्ण होता है। उपाध्याय का चिंतन आदर्शवादी हैं। वे अपने विचारों में समाज शास्त्रीय व मनोवैज्ञानिक तत्त्वों से ज्यादा नीतिशास्त्र से प्रभावित है। किसी दल को नीतिशास्त्रीय नेता उपलब्ध होना बड़े सौभाग्य की बात होती है। प्रतिकूल परिस्थितियों में भी जो आदर्श का आचरण करता है, 'नीतिशास्त्र' की महत्ता को भी सिद्ध कर पाता है। समझौतावादी लोग आदर्श व नीति को तात्कालिक परिणामों के भय से त्याग देते हैं। उनके व्यवहार नीति के नाम पर अवसरवाद पनपता है। जिस 'अवसरवाद' के बारे में दीनदयाल उपाध्याय ने चेताया था, उसका जब भयानक दौर भारत में प्रारंभ हुआ, उसी दौर में उनकी हत्या हो गई, भारतीय लोकतंत्र की वह बड़ी क्षति थी।

❑

आर्थिक चिंतन

विद्यार्थी जीवन से ही गणित के संदर्भ में उनकी प्रतिभा के विषय में हम जानते हैं, लेकिन वह उच्च शिक्षा में साहित्य के छात्र थे, जब वे राजनैतिक दल के कार्यकर्ता बने, तब उन्होंने महसूस किया कि स्वतंत्र अर्थनीति के बिना कोई स्वतंत्र समाज अपना समुचित विकास नहीं कर सकता। वे कोई बना-बनाया आर्थिक राजनैतिक ढाँचा स्वीकार करने के लिए तैयार नहीं थे। दीनदयाल उपाध्याय एक ऐसे दल के नायक थे, जो मूलत: संस्कृतिवादी था तथा भौतिक जीवन के बिना बने-बनाए पाश्चात्य मार्गों पर नहीं चलना चाहता था। आधुनिक लोक कल्याणकारी राज्य कल्पना के साथ बिना 'आर्थिक नीति' के कोई राजनैतिक दल चल नहीं सकता। सामाजिक, आर्थिक जीवन से निकटता प्राप्त किए बिना सांस्कृतिक, धार्मिक व शास्त्रीय अवधारणाओं के बल पर कोई दल राजनैतिक वर्चस्व नहीं प्राप्त कर सकता। अत: जब दीनदयाल उपाध्याय ने दल का नेतृत्व सँभाला तो उन्होंने अपने दल के सांस्कृतिक आग्रहों के अनुकूल अर्थनीति को विकसित करने का प्रयत्न किया। प्रभूत फुटकर लेखों तथा प्रलेखों के साथ ही इस विषय पर दीनदयाल उपाध्याय द्वारा क्रमबद्ध रूप से लिखी हुई तीन पुस्तकें हमें अध्ययनार्थ उपलब्ध हैं—

1. द टू प्लांस : प्रॉमिसेस, परफॉर्मेंस, प्रोस्पेक्टस··· (दो योजनाएँ : वायदे, अनुपालन, आसार) 2. भारतीय अर्थनीति : विकास की एक दिशा तथा 3. डीवेल्यूऐशन—ए ग्रेट फॉल (अवमूल्यन-एक महान् क्षति)

अर्थनीति का भारतीयकरण

अर्थनीति से संबद्ध वक्तव्यों व लेखों में समय-समय पर लिये गए सरकारी निर्णयों पर वे अपनी प्रतिक्रिया व्यक्त करते थे। सामान्यतः अर्थनीति के क्षेत्र में पाश्चात्य नकल को बुरा मानते थे। हमारी व पाश्चात्य परिस्थितियों में बहुत फर्क है। अतः हमें अपनी 'अर्थनीति का भारतीयकरण' करना होगा। अपने इस मंतव्य को विवेचित करते हुए दीनदयाल उपाध्याय ने लिखा है, ''देश का दारिद्रय दूर होना चाहिए, इसमें दो मत नहीं, किंतु प्रश्न यह है कि यह गरीबी कैसे दूर हो? हम अमेरिका के मार्ग (पूँजीवाद) पर चलें या रूस के मार्ग (समाजवाद) को अपनाएँ अथवा यूरोपीय देशों का अनुकरण करें? हमें इस बात को समझना होगा कि इन देशों की अर्थव्यवस्था में अन्य कितने भी भेद क्यों न हों, इनमें एक मौलिक साम्य है। सभी ने मशीनों को ही आर्थिक प्रगति का साधन माना है। मशीन का सर्वप्रधान गुण है—कम मनुष्यों द्वारा अधिकतम उत्पादन करवाना। परिणामतः इन देशों को स्वदेश में बढ़ते हुए उत्पादन को बेचने के लिए विदेशों के बाजार ढूँढ़ने पड़े। साम्राज्यवाद उपनिवेशवाद इसी का स्वाभाविक परिणाम बना। इस राज्य-विस्तार का स्वरूप चाहे भिन्न-भिन्न हो, किंतु क्या रूस को, क्या अमेरिका को तथा क्या इंग्लैंड को; सभी को इस मार्ग का अवलंबन करना पड़ा।...हमें स्वीकार करना होगा कि भारत के आर्थिक प्रगति का रास्ता मशीन का रास्ता नहीं है। कुटीर उद्योगों को भारतीय अर्थनीति का आधार मानकर विकेंद्रित अर्थव्यवस्था का विकास करने से ही देश की आर्थिक प्रगति संभव है।''

उपाध्याय बड़े उद्योगों के आधार पर रचित अर्थव्यवस्था को भारतीय परिस्थिति में उचित नहीं समझते थे। कृषि के क्षेत्र में छोटे तथा स्वामित्ववान खेतों के हिमायती थे। 1959 में कांग्रेस अधिवेशन में साम्यवादी चीन की कृषि योजना की नकल पर 'सहकारी खेती' का प्रस्ताव पारित किया गया था। उपाध्याय ने उसे अव्यावहारिक तथा अवांछनीय मानते हुए उसका विरोध किया।

वे देश में घटित होनेवाली हर आर्थिक घटना पर अपनी टिप्पणी करते थे। अतः इन टिप्पणियों का प्रभूत फुटकर साहित्य अध्ययनार्थियों के लिए

उपलब्ध है। जब सरकार ने खाद्यान्न व्यवसाय के राष्ट्रीयकरण का प्रस्ताव रखा। दीनदयालजी ने गंभीर अर्थशास्त्रीय तर्कों के साथ इसका विरोध किया। 1960 में पी.एल. 480, 1963 में स्वर्ण नियंत्रण कानून तथा 1966 में भारतीय रुपए का अवमूल्यन ऐसी घटनाएँ थीं, जिनके कारण दीनदयालजी बौद्धिक रूप से आंदोलित हुए। राष्ट्रीय एवं मानवीय संवेदना के अपने दृष्टिपथ को उन्होंने सांगोपांग तर्कों के साथ प्रस्तुत किया। वे प्रतिवर्ष अर्थनीति पर संस्कृति परक एक नया आलेख लिखते थे।

दीनदयाल उपाध्याय हमारे पंचवर्षीय योजनाओं क नियमित समीक्षक थे। दीनदयाल उपाध्याय ने 1958 में दोनों पंचवर्षीय योजनाओं पर एक शोधपूर्ण अंग्रेजी पुस्तक 'दो योजनाएँ : वायदे, अनुपालन, आसार' का सृजन किया, जो एक अर्थशास्त्री राजनेता द्वारा अनुसंधानपूर्वक की गई विवेचना है। निश्चय ही इस पुस्तक का अर्थशास्त्री एक प्रतिपक्षी राजनेता है। अत: विवेचन व व्याख्या में सत्तापक्ष पर राजनीतिक प्रहारों वाली भाषा का प्रयोग किया गया है।

यह पुस्तक केवल दोनों योजनाओं का ही नहीं, वरन् आर्थिक आयोजना की अवधारणा, इतिहास एवं तार्किक निष्पत्तियों का सर्वांगपूर्ण आकलन प्रस्तुत करती है। तथ्यात्मक, तुलनात्मक एवं व्याख्यात्मक आँकड़ों और सारणियों की इस पुस्तक में इतनी भरमार है कि अर्थशास्त्र की शास्त्रीय पृष्ठभूमि के बिना उसको समझ पाना व रुचिपूर्वक पढ़ना, दोनों ही कठिन है।

उपाध्याय द्वारा लिखी गई इस पुस्तक के बारे में यज्ञदत्त शर्मा कहते हैं, "यह कार्य इतना अंतर्वेधी था कि उस समय के योजना आयोग के उपाध्यक्ष श्री श्रीमन्नारायण अग्रवाल ने सभी संबंधित अधिकारियों को एक परिपत्र जारी किया तथा कहा कि ऐसी गंभीर एवं तथ्यप्रकाशी योजना–समीक्षा मैंने नहीं देखी, जैसी पंडितजी की इस पुस्तक में है।" इस पुस्तक के अलावा चतुर्थ पंचवर्षीय योजना तक वे निरंतर अपने आलेखों के माध्यम से इन योजनाओं की समुचित समीक्षा करते रहे। उनकी समीक्षाओं को समग्रता से समझने के लिए विशद सामग्री का अध्ययन आवश्यक है।

चतुर्थ पंचवर्षीय योजना के निर्माणकाल में ही प्रधानमंत्री जवाहरलाल नेहरू का देहावसान हो गया। स्वाभाविक रूप से भारत की पंचवर्षीय योजनाओं पर यदि किसी एक आदमी का सर्वाधिक प्रभाव है तो वह नेहरूजी का ही है। वे इस योजनाक्रम के सर्जक थे। आर्थिक प्रगति की उनकी महत्त्वाकांक्षी चेतना का प्रभाव इन योजनाओं में दिखाई देता है। जवाहरलाल नेहरू द्रुतगति से भारत का आर्थिक विकास करके दुनिया की प्रगति की दौड़ में देश को शामिल करना चाहते थे। दीनदयाल उपाध्याय सहज गति के पक्षधर थे। वे क्रमिक विकास को अधिक टिकाऊ और कम समस्याएँ पैदा करनेवाला मानते थे। दुनिया की प्रगति की दौड़ में जहाँ हमारा राष्ट्रीय व्यक्तित्व आगे दिखाई देना चाहिए, वहीं राष्ट्र का व्यक्ति-व्यक्ति उसमें सहभागी हो, इसकी भी चिंता करनी चाहिए। इसलिए उनका यह आग्रह सदा बना रहा कि 'सबको काम' पंचवर्षीय योजनाओं की प्रथम वरीयता होनी चाहिए। अपनी ताकत से ज्यादा गति से दौड़ने के जो परिणाम स्वास्थ्य पर होते हैं, वे हुए ही। चौथी योजना भी तदानुकूल भारी थी। दीनदयाल उपाध्याय ने कहा, "सोने का अंडा देनेवाली मुरगी की ही हत्या हो जाने की संभावना है।"

लालबहादुर शास्त्री ऐसे क्रांतिकारी नेता न थे कि महाआभा-संपन्न अपने पूर्वप्रधानमंत्री के द्वारा बनाए गए योजना आयोग व योजना-प्रारूपों को आग्रहपूर्वक बदलवा देते। उपाध्याय ने चौथी पंचवर्षीय योजना पर अपनी टिप्पणी व समीक्षा पूर्व तीन योजनाओं की तुलना में अधिक व्यापक व क्रमबद्ध रूप से की है। उन्होंने इस संदर्भ में धारावाहिक रूप से 'पाञ्चजन्य' में 'योजना बदलो' शीर्षक से पाँच लेख लिखे। उन्हीं के आधार पर हम उनके विचारों का अध्ययन कर सकते हैं।

भारतीय संस्कृति में अर्थ

दीनदयालजी केवल आर्थिक समीक्षक ही नहीं वरन् आर्थिक चिंतक भी थे। जनसंघ में वे एक क्रियाशील दार्शनिक थे। समग्रतावादी दार्शनिक होने के कारण पं. दीनदयाल उपाध्याय उन लोगों से हर विषय पर असहमत

रहते हैं, जो जीवन के किसी विशिष्ट आयाम को जीवन की समग्रता का नियामक मान बैठते हैं अथवा एक ही पहलू की ऐसी अतिरेकी व्याख्या प्रस्तुत करते हैं, जिसमें जीवन के अन्य विविध पहलुओं की उपेक्षा हो जाती है। इस संदर्भ में उपाध्याय लिखते हैं, ''भारतीय जनसंघ के पास स्पष्ट आर्थिक कार्यक्रम है; किंतु उसका स्थान हमारे संपूर्ण कार्यक्रम में उतना ही है, जितना भारतीय संस्कृति में अर्थ का। पाश्चात्य संस्कृति भौतिकवादी होने के कारण अर्थप्रधान है। हम भौतिकवाद और अध्यात्मवाद दोनों का समन्वय करना चाहते हैं। अतः यह निश्चित है कि जनसंघ उन अर्थशास्त्रियों व दलों से, जो अर्थ के सामने जीवन के प्रत्येक मूल्य की उपेक्षा करके चलना चाहते हैं, इस मामले में सदैव पीछे रहेगा। जनसंघ हृदय, मस्तिष्क और शरीर तीनों का सम्मिलित विचार करता है। इसी कारण कुछ लोग जनसंघ पर यह आरोप लगाते हैं कि जनसंघ आध्यात्मिकता की उपेक्षा करता है, महर्षि अरविंद आदि महापुरुषों की भाषा नहीं बोल पाता। हम दोनों ही प्रकार के आरोपों का स्वागत करते हैं और इतना ही कहना चाहते हैं कि अर्थ, समाज की धारणा के लिए आवश्यक है। जितने मात्र से व्यक्ति अपना भरण–पोषण करके अन्य श्रेष्ठ मूल्यों की प्राप्ति के लिए प्रयास कर सके, उतने को ही हमने अपने कार्यक्रम में स्थान दिया है।''

अपने आर्थिक चिंतन को व्याख्यायित करने के लिए दीनदयाल उपाध्याय ने 'भारतीय अर्थनीति : विकास की एक दिशा' नामक पुस्तक लिखी। पुस्तक में अर्थनीति की विवेचना करते हुए उन्होंने अपने 'एकात्म मानव' के अर्थायाम की व्याख्या करने का प्रयत्न किया है।

''समाज से अर्थ के प्रभाव व अभाव दोनों को मिटाकर उसकी समुचित व्यवस्था करने को 'अर्थायाम' कहा गया है।''

धन का मनोविज्ञान

धन का अभाव मनुष्य को चोर बनाता है। अभाव के क्षणों में की गई चोरी को भारतीय शास्त्रकार अपराध नहीं वरन् 'आपद्धर्म' की संज्ञा देते हैं,

"उन्होंने (विश्वामित्र ने) धर्म की अनेक मर्यादाओं को भंग किया। आपद्धर्म की संज्ञा देकर शास्त्रकारों ने उनके इस व्यवहार को उचित ठहराया है। यदि अर्थ के अभाव की आपत्ति बनी रहे तो फिर आपद्धर्म अर्थात् चोरी ही धर्म बन जाएगा। यदि यह आपत्ति समष्टिगत हो जाए अथवा समष्टि का बहुतांश इससे व्याप्त हो जाए तो वे एक-दूसरे की चोरी करके अपने आपद्धर्म का निर्वाह करेंगे।"

अर्थात् समाज में अर्थ का अभाव अथवा अभावमूलक नियोजन समाज में अधर्म को धर्म बना देता है। वैसे ही "अर्थ का प्रभाव भी धर्म का नाश करता है।" अर्थ जब अपने में या उसके द्वारा प्राप्त पदार्थों में और उससे प्राप्त भोग-विलास में संग (आसक्ति) उत्पन्न कर देता है, तब अर्थ का प्रभाव कहा जाता है। 'सर्वे: गुणा: कंचनमाश्रयन्ति' जब समाज में सभी 'धनपरायण' हो जाए तो प्रत्येक कार्य के लिए अधिकाधिक धन की आवश्यकता होगी। धन का यह प्रभाव प्रत्येक के जीवन में अर्थ का अभाव उत्पन्न कर देगा।"

स्वामित्व का सवाल

'संपत्ति किसकी' यह सभ्य समाज का आदिकालिक प्रश्न है। संपत्ति को संपूर्ण समाजचक्र का नियामक मान लेने से इस सवाल की अहमियत और बढ़ गई। व्यक्तिवाद व समाजवाद के विचारधारात्मक संघर्ष ने इसे एक नवीन आयाम दे दिया, संपत्ति पर व्यक्ति का अधिकार अथवा संपत्ति पर समाज का अधिकार? उपाध्याय 'संपत्ति के स्वामित्व के लिए व्यक्ति व समाज के द्वंद्व को ही गलत मानते हैं। अत: इस सवाल का सीधा उत्तर नहीं देते।'

हर व्यक्ति समाज का प्रतिनिधि है। अत: वह समाज की संपत्ति के एक हिस्से का 'न्यासी' या संरक्षक है। उपाध्याय व्यक्ति को श्रीविहीन करने के खिलाफ हैं। व्यक्ति स्वयं 'समाजपुरुष' का अंग है। अत: वह स्वयं ही समाज की धरोहर है। इसलिए संपत्ति का अमोघ अधिकार तो समाज का ही

है, लेकिन वे समाज की एकमात्र प्रतिनिधि संस्था के नाते 'राज्य को मानने के लिए तैयार नहीं हैं। यही कारण है कि निजी संपत्ति का केंद्रीकरण या सामाजिक अधिकार के नाम पर राज्य में संपत्ति के केंद्रीकरण को वे समान रूप से गलत मानते हैं। आम आदमी को पूँजीपतियों अथवा राज्यसंस्था का मज़दूर या गुलाम बना देना, वे मानवता का अपमान समझते हैं। उपाध्याय संपत्ति पर न तो व्यक्ति का अमर्यादित स्वामित्व स्वीकार करते हैं और न ही अमर्यादित राज्याधिकार। वे स्वामित्व के केंद्रीकरण के खिलाफ हैं। अतः वे विकेंद्रित राज्य व विकेंद्रित अर्थव्यवस्था के समर्थक हैं।'

उपाध्याय कहते हैं, "...समाजवादी निजी संपत्ति को ही समाप्त करने की बात करते हैं। उनका सिद्धांत व व्यवहार दोनों ही दृष्टि से समर्थन करना कठिन है। यद्यपि सृष्टि के आरंभ से ही 'अपरिग्रह' एवं 'मां गृधः कस्यस्विद्धनम्' का उपदेश मिला है; किंतु यह संसार मेरे और तेरे का ही नाम है। साम्यवादी जो निजी संपत्ति की भावना को जड़मूल से समाप्त कर देना चाहते थे, पहले व्यक्तिगत और फिर कुछ-कुछ अंश में निजी संपत्ति को भी स्वीकार करने लगे। निजी संपत्ति के कारण बुराइयाँ उत्पन्न होने पर भी हम उसका बहिष्कार नहीं कर सकते। हाँ, हमें निजी संपत्ति की मर्यादाएँ अवश्य स्थापित करनी होगी।"

व्यक्तिगत संपत्ति के नियमन एवं अर्थोत्पादकीय आयोजना के लिए उपाध्याय राज्याधिकार को भी स्वीकार करते हैं। जहाँ कुछ हाथों में पूँजी के केंद्रीकरण का खतरा हो, वहाँ राष्ट्रीकरण को वे वांछनीय मानते हैं, "जहाँ तक कुटीर उद्योगों का सवाल है, यह खतरा बहुत कम है। लेकिन जहाँ बड़े उद्योगों का क्षेत्र शुरू होता है वहाँ यह खतरा उत्पन्न होता है। सुरक्षा उद्योगों का तो राष्ट्रीयकरण अनिवार्य है। अब प्रश्न बचता है पूँजी-उद्योगों का। उनका भी अंतिम रूप से राष्ट्रीयकरण कर देना उद्‍देश्य होना चाहिए। आज पूँजी-उद्योग व्यक्तिगत क्षेत्र में आते हैं। उनसे व्यक्तिगत क्षेत्र का क्रमिक उन्मूलन किया जाना चाहिए। जब तक यह राष्ट्रीयकरण अंतिम रूप से संपन्न नहीं हो जाता, तब तक बड़े उद्योगों के गुट बनने देने की प्रवृत्ति को

रोकना चाहिए। जिन उद्योगों में गुट बन गए हैं, उनका राष्ट्रीयकरण कर लिया जाए। कुटीर उद्योगों का विकास करते समय भी इस बात का ध्यान रखना होगा कि उनके गुट बनाकर पूँजीपति उन पर नियंत्रण स्थापित न कर लें। जापान में वितरण तथा संपत्ति की असमानता का कारण, वहाँ के कुटीर उद्योगों पर पूँजीपतियों का नियंत्रण ही है।''

स्वामित्व के सवाल को जिस प्रकार पूँजीवादी व समाजवादी लोग प्रस्तुत करते हैं, उसे वे उनकी विभक्त दृष्टि का परिचायक मानते हैं। उपाध्याय की नजर में संपत्ति के 'स्वामित्व' की बजाय 'केंद्रीकरण' का सवाल ज्यादा अहम है। साथ ही 'उपभोगवाद' की अवधारणा का सवाल भी महत्त्वपूर्ण है। अत: वे लिखते हैं, ''स्वामित्व के साथ अनिर्बंध नियंत्रण एवं मनमाने उपभोग की धारणाओं ने इस विषय को गलत पृष्ठभूमि में प्रस्तुत किया है। किसी भी वस्तु पर मेरा स्वामित्व होने के बाद भी मुझे यह अधिकार प्राप्त नहीं कि मैं उसका चाहे जैसा उपभोग करूँ। स्वामित्व एवं उपभोग की दोनों भावनाओं को जब तक हम अलग-अलग नहीं करेंगे, तब तक हम होनेवाली बुराइयों को नहीं रोक सकेंगे। जिस वस्तु का मैं स्वामी हूँ, उसका उपभोग समाज हित में ही करने का मुझे अधिकार है, यह विचार प्रत्येक व्यक्ति के सम्मुख चाहिए।...राज्य भी जब स्वामित्व ग्रहण कर लेता है तो वह व्यक्तियों द्वारा ही व्यवस्था करता है।...जो व्यक्ति आज अपनी चीज का मनमाना उपयोग करने से नहीं डरता, वह समाज की वस्तु का उपयोग भी वैसा ही नहीं करेगा, इसकी गारंटी नहीं दी जा सकती। यदि उसके दुरुपयोग को रोकने के लिए दंडनीति आवश्यक समझते हैं तो वह उसके पास स्वामित्व का अधिकार रहते हुए भी काम में लाई जा सकती है।''

दीनदयाल उपाध्याय व्यक्ति के निजत्व को कुचलनेवाले राज्याधिकार व समाज की उपेक्षा करनेवाले वैयक्तिक अधिकारों के खिलाफ हैं। वे इसे मानव की अस्वस्थ अवस्था का परिचायक मानते हैं। संपत्ति पर व्यक्ति या राज्य के अनिर्बंध नियंत्रण के अधिकार का सवाल भी इस अस्वस्थ अवस्था की उपज हैं।

उनका मत है, "गंभीरता से देखें तो स्वामित्व का अधिकार वास्तव में निश्चित मर्यादाओं तथा निश्चित उद्देश्यों के लिए किसी वस्तु के उपयोग का अधिकार ही है। समय के साथ इन अधिकारों में परिवर्तन होता रहता है। अतः हम सैद्धांतिक दृष्टि से व्यक्ति और समाज के झगड़े में नहीं पड़ेंगे।''संपत्ति का उपभोग कुटुंब (समाज) के हित में होता है, मनमाने ढंग से नहीं। 'ट्रस्टीशिप' का यह भारतीय सिद्धांत गांधी व गुरुजी आदि विचारकों ने समाज के सम्मुख रहा है।"

व्यष्टि एवं समष्टि के साझेपन में ही मानवता का सुख अंतर्निहित है। अतः संपत्ति पर यह साझा अधिकार ही उपाध्याय के एकात्म मानववाद को अभिप्रेत है।

आर्थिक लोकतंत्र

दीनदयाल उपाध्याय लोकतंत्र को केवल राजनीतिक जीवन का आयाम नहीं मानते। उनका मत है, 'प्रत्येक को वोट' जैसे राजनीतिक प्रजातंत्र का निकष है, वैसे ही 'प्रत्येक को काम' यह आर्थिक प्रजातंत्र का मापदंड है। 'प्रत्येक को काम' के अधिकार की व्याख्या करते हुए वे कहते हैं, "काम प्रथम तो जीविकोपार्जनीय हो तथा दूसरे,व्यक्ति को उसे चुनने की स्वतंत्रता हो। यदि काम के बदले में राष्ट्रीय आय का न्यायोचित भाग उसे नहीं मिलता हो तो उसके काम की गिनती 'बेगार' में होगी। इस दृष्टि से न्यूनतम वेतन, न्यायोचित वितरण तथा किसी-न-किसी प्रकार की सामाजिक सुरक्षा की व्यवस्था आवश्यक हो जाती है।" उपाध्याय आगे कहते हैं, "जैसे बेगार हमारी दृष्टि में काम का नहीं है, वैसे ही व्यक्ति के द्वारा काम में लगे रहते हुए भी अपना शक्तिभर उत्पादन न कर सकना, काम नहीं है। 'अंडर एंप्लॉयमेंट' भी एक प्रकार की बेकारी है।"

उपाध्याय उस अर्थव्यवस्था को अलोकतांत्रिक मानते हैं, जो व्यक्ति के उत्पादन-स्वातंत्र्य या सृजनकर्म पर आघात करती है। अपने उत्पादन का स्वयं स्वामी न रहनेवाला मजदूर या कर्मचारी अपनी स्वतंत्रता को ही बेचता

है। आर्थिक स्वतंत्रता व राजनीतिक स्वतंत्रता परस्पर अन्योन्याश्रित हैं—राजनीतिक प्रजातंत्र बिना आर्थिक प्रजातंत्र के नहीं चल सकता। जो अर्थ की दृष्टि से स्वतंत्र है, वही राजनीतिक दृष्टि से अपना मत स्वतंत्रतापूर्वक अभिव्यक्त कर सकेगा। 'अर्थस्य पुरुषो दासः' (पुरुष अर्थ का दास हो जाता है)।''

मनुष्य के उत्पादन-स्वातंत्र्य पर सबसे बड़ा हमला पूँजीवादी औद्योगीकरण ने किया है। अतः उपाध्याय औद्योगीकरण का इस प्रकार से नियमन चाहते हैं कि जिससे वह स्वतंत्र, लघु एवं कुटीर उद्योगों को समाप्त न कर सके, ''आज जब हम सर्वांगीण विकास का विचार करते हैं तो संरक्षण की आवश्यकता को स्वीकार करके चलते हैं। यह संरक्षण देश के उद्योगों को विदेशी उद्योगों की प्रतिस्पर्धा से तथा देश के छोटे उद्योगों को बड़े उद्योगों से देना होगा।'' उपाध्याय यह महसूस करते हैं कि पश्चिमी औद्योगीकरण की नकल ने भारत के पारंपरिक उत्पादन को पीछे धकेला है तथा बिचौलियों को आगे बढ़ाया है।''...हमने पश्चिमी की तकनीकी प्रक्रिया का आँख बंद करके अनुकरण किया है। हमारे उद्योग का स्वाभाविक विकास नहीं हो रहा। वे हमारी अर्थव्यवस्था के अभिन्न व अन्योन्याश्रित अंग नहीं अपितु ऊपर से लादे गए हैं।...(इनका विकास) विदेशियों के अनुकरणशील सहयोगी अथवा अभिकर्ता कतिपय देशी व्यापारियों द्वारा हुआ है। यही कारण है कि भारत के उद्योगपतियों में, सबके सब व्यापारी आढ़तियों तथा सटोरियों में से आए हैं। उद्योग एवं शिल्प में लगे कारीगरों का विकास नहीं हुआ है।''

स्वयंसेवी क्षेत्र का विकास

देश के आम शिल्पी व कारीगर की उपेक्षा करनेवाला औद्योगीकरण अलोकतांत्रिक है। पूँजीवाद व समाजवाद के निजी व सार्वजनिक क्षेत्र के विवाद को उपाध्याय गलत मानते हैं। इन दोनों ने ही स्वयंसेवी क्षेत्र का गला घोंटा है। आर्थिक लोकतंत्र के लिए आवश्यक है स्वयंसेवी क्षेत्र का विकास करना। इसके लिए विकेंद्रीकृत अर्थव्यवस्था जरूरी है, ''...राजनीतिक

शक्ति का प्रजा में विकेंद्रीकरण करके जिस प्रकार शासन की संस्था का निर्माण किया जाता है, उसी प्रकार आर्थिक शक्ति का भी प्रजा में विकेंद्रीकरण करके अर्थव्यवस्था का निर्माण एवं संचालन होना चाहिए। राजनीतिक प्रजातंत्र में व्यक्ति की अपनी रचनात्मक क्षमता को व्यक्त होने का पूरा अवसर मिलता है। ठीक उसी प्रकार आर्थिक प्रजातंत्र में भी व्यक्ति की क्षमता को कुचलकर रख देने का नहीं; अपितु उसको व्यक्त होने का पूरा अवसर प्रत्येक अवस्था में मिलना चाहिए।...राजनीति में व्यक्ति की रचनात्मक क्षमता को जिस प्रकार तानाशाही नष्ट करती है, उसी प्रकार अर्थनीति में व्यक्ति की रचनात्मक क्षमता को भारी पैमाने पर किया गया औद्योगीकरण नष्ट करता है।...इसलिए तानाशाही की भाँति ऐसा औद्योगीकरण भी वर्जनीय है।''

यंत्रचालित औद्योगीकरण की मर्यादा स्पष्ट करते हुए उपाध्याय एक समीकरण प्रस्तुत करते हैं, ''प्रत्येक को काम का सिद्धांत स्वीकार कर लिया जाए तो सम-वितरण की दिशा सुनिश्चित हो जाती है और हम विकेंद्रीकरण की ओर बढ़ते हैं। औद्योगीकरण को उद्देश्य मानकर चलना गलत है। इस सिद्धांत को गणित के सूत्र में यों रख सकते हैं, 'ज ग क ग य ग इ।'

यहाँ 'ज' जन का परिचायक है, 'क' कर्म की अवस्था व व्यवस्था का, 'य' यंत्र का तथा 'इ' समाज की प्रभावी इच्छा या इच्छित संकल्प का द्योतक है। 'इ' तथा 'ज' तो सुनिश्चित है। 'इ' और 'ज' के अनुपात में 'क' तथा 'य' को सुनिश्चित करना है। लेकिन औद्योगीकरण लक्ष्य होने पर 'य' सबको नियंत्रित करता है। 'य' के अनुपात में जन की छँटनी होती है। 'य' के अनुपात में 'इ' को भी यंत्रों के अति उत्पादन का अनुसरण करना पड़ता है, जो कि सर्वथा अवांछनीय है। 'ज' की छँटनी कर देनेवाली कोई भी अर्थव्यवस्था अलोकतांत्रिक है। 'इ' को नियंत्रित करनेवाली अर्थव्यवस्था तानाशाही है। अत: 'ज' तथा 'इ' के नियंत्रण में 'क' का नियोजन होना चाहिए। वही लोकतांत्रिक एवं मानवीय अर्थव्यवस्था कही जा सकती है।

विकेंद्रित अर्थव्यवस्था

विकेंद्रित अर्थव्यवस्था के लिए विकेंद्रित राजनीतिक व्यवस्था भी जरूरी है। इसके लिए उपाध्याय स्वावलंबी समर्थ ग्रामपंचायतों व जनपद-व्यवस्था के पक्षधर हैं। हमारी अर्थव्यवस्था का आधार हमारे ग्राम तथा जनपद होने चाहिए। ग्रामों को उजाड़नेवाले आर्थिक नियोजन अंततः भारत को उजाड़नेवाले सिद्ध होंगे। शहर व ग्रामों का विषम विकास हमारी राष्ट्रीय अखंडता के लिए भी घातक होगा। संसाधनों व सत्ता के केंद्रीकरण के कारण हम पूँजीवाद व उसके प्रतिक्रियात्मक दुष्चक्र से बच नहीं सकते। अतः आर्थिक लोकतंत्र की स्थापना के लिए विकेंद्रित अर्थव्यवस्था ही भारतीय परिस्थितियों में हमारे लिए उपादेय है। अतः उपाध्याय कहते हैं, "...विकेंद्रित अर्थव्यवस्था चाहिए। स्वयंसेवी क्षेत्र (Self Employed Sector) को खड़ा करना होगा। यह क्षेत्र जितना बड़ा होगा, उतना ही मनुष्य आगे बढ़ सकेगा, मनुष्यता का विकास हो सकेगा, एक मनुष्य दूसरे मनुष्य का विचार कर सकेगा। प्रत्येक मनुष्य की व्यक्तिशः आवश्यकताओं और विशेषताओं का विचार करके उसे काम देने पर उसके गुणों का विकास हो सकता है। यह विकेंद्रित अर्थव्यवस्था भारत ही संसार को दे सकता है।" जो व्यवस्थाएँ भारी उद्योगों व केंद्रीकरण के दुष्चक्र में एक बार फँस गईं, उन्हें वापस लौटाना कठिन है। अतः तृतीय विश्व के देशों को ग्रामोन्मुखी लघु उद्योगों वाली विकेंद्रित अर्थव्यवस्था को अपनाना चाहिए।

दीनदयाल उपाध्याय इस बात से सहमत नहीं हैं कि छोटे उद्योग आर्थिक दृष्टि से किफायती नहीं होते। उनका मत है कि बड़े उद्योगों की किफायत एक भ्रम है। वास्तविक किफायत छोटे उद्योगों में ही होती है।

"...सत्य तो यह है कि किफायत बड़े पैमाने पर उत्पादन से नहीं, अधिक उत्पादन के कारण होती है। अगर हम इतिहास को देखें तो ब्रिटेन में बड़े पैमाने पर कपड़ा तैयार होने पर भी भारत का कपड़ा वहाँ जाकर सस्ता पड़ता था। जापान की जो वस्तुएँ सस्ती बाजार में आकर, बाकी सब माल को निकाल देती हैं, बड़े कारखानों में नहीं घरों में बनती हैं...यदि उनकी (छोटे

उद्योगों की) असुविधाएँ दूर कर दी जाएँ तथा बड़े उद्योगों को जो सुविधाएँ अतिरिक्त कारणों से प्राप्त हैं, न मिलें, तो निश्चित ही वे (छोटे उद्योग) बाजी मार ले जाएँगे। हमें मालूम है कि 1930-37 के काल में छोटे-छोटे मोटर चलानेवालों ने रेलों को प्रतियोगिता में पछाड़ दिया था। यदि शासन और युद्ध रेलों की मदद को नहीं आते तो उनके लिए जीवित रहना कठिन हो जाता।''

❑

एकात्म मानववाद के द्रष्टा

दीनदयाल उपाध्याय 20वीं सदी के उत्तरार्द्ध के महापुरुष हैं, जब विश्व में अनेक विचार परंपराएँ बहुत प्रखरता से प्रचलित थीं। सोलहवीं शताब्दी के यूरोपीय पुनर्जागरण के बाद की चार शताब्दियों में विचारों ने एक वैश्विक आयाम ग्रहण कर लिया था। अब दृश्यमान विश्व कोई अबूझ पहेली नहीं रह गया था। साहसिक विश्वयात्रियों ने भू-पटल की परिक्रमा कर डाली थी। विज्ञानवाद,भौतिकतावाद एवं मानववाद ने ईश्वर की रहस्यमय सत्ता को एक चुनौती दे दी थी। रहस्यात्मकता पर विज्ञान ने चोट की, श्रद्धामूलक आस्थाओं को तर्क ने हिला दिया तथा अब भगवत्कृपा के स्थान पर विवेक का भरोसा हो चला था। 'थियोक्रेसी' को चुनौती देते हुए सेक्युलरिज्म, लोकतंत्रात्मक व्यक्तिवाद व समाजवाद की धारणाएँ प्रबल हो गई थीं। यूरोप का कायापलट हो गया था।

भगवत्कृपा व भगवद्भय से मुक्त मानव ने, प्राकृत मानव ने प्रकृति विजय एवं विश्व विजय के अभियान संयोजित किए। साहसपूर्वक खोज लिए गए नए-नए भू-प्रदेशों पर यूरोपीय साम्राज्यों का निर्माण हुआ। बीसवीं सदी इन साम्राज्यों को चुनौती की सदी थी। राष्ट्रवाद साम्राज्यवाद पर प्रहारक बन गया था।

पश्चिम का ज्ञान-विज्ञान पश्चिम के साम्राज्यवाद के माध्यम से ही एशिया व अफ्रीका के महाद्वीपों में पहुँचा। पश्चिम के संपर्क से इन समाजों की चिंतनधारा निर्णायक रूप से प्रभावित हुई; लेकिन एशियाई राष्ट्रवादी

मानस पश्चिमी साम्राज्यवाद के साथ-साथ पश्चिमी ज्ञान की प्रभुता को भी स्वीकार करना अपने स्वाभिमान पर चोट समझता था। अत: उसने पश्चिम के ज्ञान को नकारा। दीनदयाल उपाध्याय भारतीय राष्ट्रवाद की इसी धारा की उपज थे।

उपाध्याय ने लगभग दो दशकों के अध्ययन व अनुभव के बाद अपनी विचारधारा को 'एकात्म मानववाद' के नाम से भारतीय जनसंघ के 'सिद्धांत और नीति' प्रलेख में उद्घोषित किया। उसकी प्रस्तावना में वे शंकराचार्य व चाणक्य का स्मरण करते हुए कहते हैं, "आज भारत के इतिहास में क्रांति लानेवाले दो पुरुषों की याद आती है। एक वह कि जब जगद्गुरु शंकराचार्य सनातन बौद्धिक धर्म का संदेश लेकर देश में व्याप्त अनाचार समाप्त करने चले थे और दूसरा वह, कि जब अर्थशास्त्र धारणा का उत्तरदायित्व लेकर संघ राज्यों (Republics) में बिखरी राष्ट्रीय शक्ति को संगठित कर साम्राज्य की स्थापना करने चाणक्य चले थे। आज इस प्रारूप को प्रस्तुत करते समय वैसा ही तीसरा महत्त्वपूर्ण प्रसंग आया है, जबकि विदेशी धारणाओं के प्रतिबिंब पर आधारित मानव संबंधी अधूरे व अपुष्ट विचारों के मुकाबले विशुद्ध भारतीय विचारों पर आधारित मानव कल्याण का संपूर्ण विचार 'एकात्म मानववाद' के रूप में सुपुष्ट भारतीय दृष्टिकोण को नए सिरे से सूत्रबद्ध करने का काम हम प्रारंभ कर रहे हैं।"

दीनदयाल उपाध्याय भारतीय विचार परंपरा में शांकर वेदांत, कौटिल्य अर्थशास्त्र व स्वयं द्वारा निरूपित 'एकात्म मानववाद' को, एक नव 'प्रस्थानत्रयी' की स्थापना करते हैं।

प्राचीन 'प्रस्थानत्रयी' के अंतर्गत एकादश उपनिषद्, श्रीमद्भागवद्गीता व व्यास कृत ब्रह्मसूत्र की गणना की जाती है।

दीनदयाल उपाध्याय को दलीय तथा तात्कालिकता के दायरों से मुक्त होकर चिंतन प्रस्तुत करने का अवसर राष्ट्रीय स्वयंसेवक संघ के वार्षिक संघ शिक्षा वर्गों में प्राप्त होता था। उनकी दार्शनिक अभिधारणाओं का इन वर्गों के अवसरों पर दिए गए 'बौद्धिकवर्गों' में क्रमश: परिपाक होता चला गया। जून

1964 में राजस्थान के उदयपुर संघ शिक्षा वर्ग में उन्होंने प्रथमत: एकात्म मानववाद की तत्त्व मीमांसा की। भारतीय जनसंघ के 'कार्यकर्ता अभ्यास वर्गों' का भी वे इस दृष्टि से उपयोग करते थे। इन शिक्षावर्गों के माध्यम से परिपक्व हुआ उनका विचार-दर्शन कुछ-कुछ क्रमबद्धता के साथ दो अवसरों पर प्रकट हुआ। प्रथम 11 अगस्त से 15 अगस्त, 1964 को भारतीय जनसंघ का प्रशिक्षण शिविर, जो ग्वालियर में संपन्न हुआ था, उसमें उपाध्याय ने भारतीय जनसंघ के लिए 'सिद्धांत और नीति' पुस्तक का प्रारूप प्रस्तुत किया था। इसी प्रारूप को जनवरी 1965 में विजयवाड़ा अधिवेशन में जनसंघ ने इसे अपना विचार घोषित किया। द्वितीय, 22 से 25 अप्रैल, 1965 को मुंबई में दीनदयाल उपाध्याय ने अपने 'एकात्म मानववाद' चिंतन पर लगातार चार भाषण दिए। लेकिन उनके दर्शन का बड़ा भाग संघ शिक्षा वर्गों के बौद्धिक वर्गों में अंतर्निहित है, जो लगभग बीस वर्षों तक उनके द्वारा दिए गए भाषणों में बिखरा पड़ा है तथा इनमें से अधिकांश अनुपलब्ध हैं। राष्ट्रधर्म, पाञ्चजन्य एवं ऑर्गेनाइजर के आलेखों में इसकी पृष्ठभूमि है।

भारतीय स्वातंत्र्य के पश्चात् देश में व्याप्त वैचारिक परावलंबिता की पीड़ा उनके लिए असह्य थी। इसी वेदना में उनका चिंतन प्रस्फुटित हुआ था। इस संदर्भ में अपनी तीव्र अनुभूतियों को व्यक्त करते हुए वे अपने 'सिद्धांत और नीति; प्रलेख' में लिखते हैं, "राष्ट्र की सुनिश्चित व सुनियोजित दिशा में प्रगति करने के स्थान पर, शासक और शासित विभ्रम और विरक्ति के शिकार बनकर, किंकर्तव्यविमूढ़ हो, प्रवाहपतित से चलते दिखाई देते हैं। अनास्था और आत्मविश्वासहीनता की यह अवस्था राष्ट्र के अस्तित्व और अस्मिता के लिए संकटपूर्ण एवं आशोभनीय है। इसे बदलकर देश के पुरुषार्थ को सचेत करना होगा।"

"वर्तमान परिस्थिति का सबसे प्रमुख कारण राष्ट्रजीवन का साक्षात्कार न करते हुए, उसके ऊपर विदेशी और विजातीय विचारधाराओं तथा जीवनमूल्यों को थोपने का प्रयत्न है। शीघ्र उन्नति की आतुरता में दूसरे देशों का अंधानुकरण करने और 'स्व' के तिरस्कार की वृत्ति पैदा हुई है। इससे राष्ट्रमानस में कुंठा

घर कर गई है।''

यही कुंठा वह चुनौती थी, जिसने दीनदयाल के अंतर्निहित दार्शनिक को जगाया। उन्होंने एकात्म मानववाद का अमृत फल समाज को दे दिया।

वैचारिक पृष्ठभूमि

'एकात्म मानववाद' की पृष्ठभूमि के दो आयाम हैं—प्रथम पाश्चात्य जीवन दर्शन तथा द्वितीय भारतीय संस्कृति। 'मानववाद' मुख्यतः पाश्चात्य अवधारणा है तथा 'एकात्मता' भारतीय। पाश्चात्य प्रयोगों में लौकिक जीवन का वैशिष्ट्य है। अतः कहा जा सकता है कि पाश्चात्य 'मानववाद' के भारतीयकरण की प्रक्रिया की फलश्रुति है—'एकात्म मानववाद'।

सामान्यतः अपने विभिन्न लेखों व भाषणों में दीनदयाल उपाध्याय ने भारतीय संस्कृति का गौरवपूर्ण वर्णन किया है। लेकिन वे भारत की कमजोरियों के प्रति भी सचेत थे। एकांगिता, कालबाह्यता तथा निहित स्वार्थों के अपने रोग भारत को अंदर से खोखला कर रहे हैं। अतः सांस्कृतिक श्रेष्ठता के नाम पर यथास्थितिवाद के खिलाफ थे। वे लिखते हैं, ''हमने अपनी प्राचीन संस्कृति का विचार किया है, लेकिन हम कोई पुरातत्त्ववेत्ता नहीं हैं। हम किसी पुरातत्त्व संग्रहालय के संरक्षक बनकर नहीं बैठना चाहते। हमारा ध्येय संस्कृति का संरक्षण नहीं, अपितु उसे गति देकर सजीव व सक्षम बनाना है। हमें अनेक रूढ़ियाँ समाप्त करनी होंगी, बहुत से सुधार करने होंगे।...आज यदि समाज में छुआछूत और भेदभाव घर कर गए हैं, जिनके कारण लोग मानव को मानव समझकर नहीं चलते और जो राष्ट्र की एकता के लिए घातक सिद्ध हो रहे हैं, हम उनको समाप्त करेंगे।''

दीनदयाल उपाध्याय पश्चिम की विकृति के प्रति सावधान थे, भारतीय संस्कृति के उपासक थे। उनकी भारतीय प्रकृति, समन्वय दृष्टिवाली थी। अतः न वे किसी विदेशी विचार को एकदम हेय मानते थे और न ही हर स्वदेशी चीज को वरेण्य। उनका सूत्र था, ''हम मानव के ज्ञान और उपलब्धियों का संकलित विचार करें। इन तत्त्वों में जो हमारा है उसे युगानुकूल और जो

बाहर का है, उसे देशानुकूल ढालकर हम आगे चलने का विचार करें।'' 'स्वदेशी को युगानुकूल व विदेशी को स्वदेशानुकूल' बनाने की अपनी मानसिकता के कारण उन्होंने कहा, ''हम भारत को न तो किसी पुराने समय की प्रतिच्छाया बनाना चाहते हैं और न रूस या अमेरिका की अनुकृति।''

मुंबई के अपने ऐतिहासिक भाषण में जब उपाध्याय ने 'एकात्म मानववाद' की व्याख्या प्रस्तुत की, तब बहुत भावपूर्ण शब्दों में उन्होंने अपने व्याख्यान का समापन किया, ''विश्व का ज्ञान और आज तक की अपनी संपूर्ण परंपरा के आधार पर हम ऐसे भारत का निर्माण करेंगे, जो हमारे पूर्वजों के भारत से भी अधिक गौरवशाली होगा, जिसमें जन्मा मानव अपने व्यक्ति का विकास करता हुआ, संपूर्ण मानवता ही नहीं, अपितु सृष्टि के साथ एकात्मता का साक्षात्कार कर 'नर से नारायण' बनने में समर्थ हो सकेगा। यह हमारी संस्कृति का शाश्वत दैवी और प्रवाहमान रूप है। चौराहे पर खड़े विश्व-मानव के लिए यही हमारा दिग्दर्शन है। भगवान् हमें शक्ति दें कि हम इस कार्य में सफल हों, यही प्रार्थना है।''

''हमारी संपूर्ण व्यवस्था का केंद्र 'मानव' होना चाहिए। जो **यत् पिण्डे तत् ब्रह्माण्डे** के न्याय के अनुसार समष्टि का जीवमान प्रतिनिधि एवं उसका उपकरण है। भौतिक उपकरण मानव के सुख के साधन हैं, साध्य नहीं। जिस व्यवस्था में, भिन्न रुचि लोक का विचार केवल एक औसत मानव अथवा शरीर, मन, बुद्धि व आत्मायुक्त अनेक ऐषणाओं से प्रेरित पुरुषार्थ चातुष्ट्यशील, पूर्ण मानव के स्थान पर एकांगी मानव का ही विचार किया जाए, वह अधूरी है। हमारा आधार एकात्म मानव है, जो एकात्म समष्टियों का एक साथ प्रतिनिधित्व करने की क्षमता रखता है। एकात्म मानववाद के आधार पर हमें जीवन की सभी व्यवस्थाओं का विकास करना होगा।''

❑

भारतीय जनसंघ के महामंत्री एवं अध्यक्ष

दिसंबर 1951, कानपुर के प्रथम भारतीय जनसंघ के अधिवेशन से लेकर दिसंबर 1967 के चौदहवें कालीकट अधिवेशन तक दीनदयालजी लगातार भारतीय जनसंघ के महामंत्री रहे।

जनसंघ के अधिवेशन, आंदोलन, अभ्यासवर्ग तथा प्रस्ताव आदि सभी कुछ दीनदयाल उपाध्याय के व्यक्तित्व से आप्लावित थे। देश में चलनेवाला उनका अखंड प्रवास देशभर के कार्यकर्ताओं के लिए उन्हें सुलभ बनाता था। अधिवेशन में प्रस्तुत की जानेवाली उनकी महामंत्री रिपोर्ट केवल एक औपचारिक आँकड़ों का प्रतिवेदन नहीं वरन् संगठन की गतिशीलता का एक उत्साही एवं आत्मालोची आह्वान होता था। महामंत्री का प्रतिवेदन जनसंघ की विकास यात्रा को बेबाक प्रस्तुत करनेवाला साहित्य है। ये महामंत्री प्रतिवेदन केवल जनसंघ की गतिविधियों के दस्तावेज ही नहीं वरन् राष्ट्रीय घटनाचक्र की डायरी भी हैं। वर्ष 1957, 1962 तथा 1967 के महानिर्वाचनों के महामंत्री प्रतिवेदन तो किसी विश्वविद्यालयीन शोध प्रकल्प के उच्चस्तरीय अकादमिक अध्ययन द्वारा प्रस्तुत लघु शोध प्रबंध सरीखी पुस्तिकाएँ हैं। इनमें राजनीतिक स्थिति, दलों की राजनीतिक एवं सांख्यिक निष्पत्तियाँ, घटनाचक्र पर विभिन्न टिप्पणियाँ, सर्वांगपूर्ण एवं ज्ञानवर्द्धक संकलन किया गया है। किसी भी इतिहासशोधक के लिए ये दस्तावेज अमूल्य निधि सिद्ध हो सकते हैं। ये प्रतिवेदन राजनीतिक कार्यकर्ताओं के मार्गदर्शक सिद्धांतों की पंजिकाएँ भी हैं। उनके नेतृत्व में जनसंघ का मत प्रतिशत हर चुनाव में बढ़ा विधानसभाओं

एवं संसद् में भी जनसंघ के प्रतिनिधित्व बढ़ता ही रहा। कालीकट अधिवेशन में पार्टी ने उन्हें अध्यक्ष चुन लिया। दीनदयालजी विख्यात हो गए, नजर लग गई। सन् 1967 के ऐतिहासिक कालीकट अधिवेशन में दीनदयाल उपाध्याय जनसंघ के अध्यक्ष निर्वाचित हुए। इस अधिवेशन में दीनदयाल तथा जनसंघ, दोनों ही अपनी प्रतिष्ठा व प्रभाव के शीर्ष पर थे।

दिनांक 29, 30 व 31 दिसंबर, 1967 को जनसंघ का 14वाँ अधिवेशन उपाध्याय की अध्यक्षता में संपन्न हुआ। 10 फरवरी, अर्द्धरात्रि में मुगलसराय स्टेशन पर उनकी हत्या हो गई। दीनदयाल केवल 44 दिन भारतीय जनसंघ के अध्यक्ष रहे। इन 44 दिनों में उनके द्वारा किया गया सबसे महत्त्वपूर्ण कार्य था, जनसंघ के राष्ट्रीय अध्यक्ष के नाते उनका वह भाषण जो जनसंघ, संघ तथा दीनदयाल के तब तक के चिंतन के नवनीत स्वरूप अध्ययित किया जा सकता है। हर भाषण एक काल विशेष की खास परिस्थिति में ही दिया जाता है। सन् 1967 के चुनावों की परिवर्तित परिस्थिति उपाध्याय के इस विवेचन की पृष्ठभूमि थी।

उपाध्याय आजादी के बाद संपन्न हुए सामाजिक-राजनीतिक प्रयत्नों का परिणाम यह मानते थे कि "सामान्य जन में राजनीतिक चेतना का जागरण इस युग की सबसे बड़ी देन है।" उन्होंने कहा, "तात्कालिक राजनीतिक लाभों के लिए उसे साधन बनाना अच्छी बात नहीं है।" वह उनका कालजयी भाषण है, जो युगों तक भारत की राजनीति का मार्गदर्शन कर सकता है। ❑

महाप्रयाण

पं. दीनदयाल उपाध्याय 1937 से 1968 तक भारत के राष्ट्रजीवन में सक्रिय रहे। वे 1937 में संघ के संपर्क में आए, 5 वर्ष वे स्थानीय कार्यकर्ता के नाते दायित्व निर्वहन करते रहे। सन् 1942 में वह राष्ट्रीय स्वयंसेवक संघ के जीवनव्रती प्रचारक बने तथा 1951 तक वह उत्तर प्रदेश में प्रत्यक्ष संघ कार्य का दायित्व वहन करते रहे। उनके इस नौ वर्षीय कार्यकाल ने उनकी सांगठनिक एवं साहित्यिक प्रतिभा को प्रखरता से रेखांकित किया। सन् 1951 से 1967 तक 16 वर्ष वे भारतीय जनसंघ के महामंत्री रहे। उन्होंने एक सांगोपांग राष्ट्रीय नायकत्व का निर्वहन किया। यह परिपक्व नायकत्व जब भारतीय जनसंघ के अध्यक्ष के रूप में रेखांकित हुआ, नियति ने रहस्यपूर्ण एवं निर्मम तरीके से उनकी जीवनरेखा को काट दिया, वे केवल 44 दिन, 29 दिसंबर, 1967 से 10 फरवरी, 1968 तक भारतीय जनसंघ के अध्यक्ष रहे।

11 फरवरी, 1968 प्रातःकाल लगभग पौने चार बजे मुगलसराय स्टेशन के लीवर मैन ने टेलीफोन पर सहायक स्टेशन मास्टर को सूचना दी कि स्टेशन से लगभग 150 गज पहले, लाइन से दक्षिण की ओर बिजली के खंभा नं. 1276 के नजदीक एक लाश कंकड़ों पर पड़ी हुई है। पुलिस के सिपाही निगरानी के लिए ड्यूटी पर तैनात कर दिए गए। सहायक स्टेशन मास्टर ने जो मेमो पुलिस को भेजा, उस पर लिखा था 'ऑलमोस्ट डेड'। प्रातःकाल डॉक्टर ने परीक्षण कर उसे पूर्णतः मृत घोषित कर दिया। जब शव

प्लेटफार्म पर लाकर रखा गया, उत्सुकतावश लोगों की भीड़ जुटी। अभी तक यह शव लावारिस था। भीड़ में अचानक एक व्यक्ति चिल्लाया "अरे, यह तो भारतीय जनसंघ के अध्यक्ष पं. दीनदयाल उपाध्याय हैं"। विद्युत तरंग की तरह यह समाचार फैल गया और विषाद छा गया।

फरवरी माह में संसद् का बजट सत्र प्रारंभ होता है। 11 फरवरी, 1968 को भारतीय जनसंघ के संसदीय दल की बैठक दिल्ली में थी, नवनिर्वाचित अध्यक्ष पहली बार संसदीय दल की बैठक में शामिल होनेवाले थे। 10 फरवरी को दीनदयाल लखनऊ में थे। प्रातःकाल दीनदयाल के पास पटना से बिहार प्रदेश जनसंघ के संगठन मंत्री अश्विनी कुमार का फोन आया, उनका आग्रह था कि बजट सत्र में संसद् तो लंबी चलेगी। अतः उन्होंने 11 फरवरी को पटना में संपन्न होनेवाली बिहार प्रदेश कार्यकारिणी की बैठक में आने का आग्रह किया। दीनदयालजी ने नवनिर्वाचित महामंत्री सुंदर सिंह भंडारी से चर्चा कर दिनांक 11 फरवरी को दिल्ली जाने की बजाय पटना जाने का कार्यक्रम तय किया।

भारतीय जनसंघ के महामंत्री होते हुए भी दीनदयाल उपाध्याय रेल में तृतीय श्रेणी के डिब्बे में ही यात्रा करते थे तथा एक्सप्रेस ट्रेन की बजाय पैसेंजर ट्रेन में यात्रा करना उनकी प्राथमिकता होती थी। पैसेंजर ट्रेन में उनकी लिखने-पढ़ने का समय मिल जाता था तथा छोटे-छोटे स्टेशनों पर भी कार्यकर्ताओं से मिलने का अवसर मिलता था। अध्यक्ष बनने के बाद सब लोगों ने मिलकर तय किया कि दीनदयालजी को अब प्रथम श्रेणी के डिब्बे में यात्रा करनी चाहिए। अतः पठानकोट स्यालदह एक्सप्रेस से उनके लिए प्रथम श्रेणी का टिकट खरीदा गया। यह ट्रेन 10 फरवरी को सायंकाल 7 बजे लखनऊ से चलती थी। उत्तर प्रदेश के तत्कालीन उप मुख्यमंत्री रामप्रकाश गुप्त, भारतीय जनसंघ के पूर्व अध्यक्ष पीतांबर दास उन्हें छोड़ने स्टेशन पर आए थे। उनका बिस्तर एवं पुस्तकों का झोला भी कंपार्टमेंट में रख दिया गया था। गाड़ी रवाना हुई, उन्होंने हाथ जोड़कर सबसे विदा ली। रात्रि में 12 बजे जौनपुर स्टेशन पर जौनपुर के राजा साहब के निजी सचिव कन्हैयालालजी

पंडित उनसे मिलने आए थे, उन्होंने दीनदयालजी को राजासाहब का पत्र दिया। रात्रि में 12:12 पर गाड़ी जौनपुर से छूटी थी। गाड़ी मुगलसराय पहुँची। स्यालदह-पठानकोट एक्सप्रेस सीधी पटना नहीं जाती थी। यह गाड़ी रात्रि में 2:15 पर प्लेटफार्म नं. 1 पर पहुँची तो यह बोगी, जिसमें दीनदयाल यात्रा कर रहे थे, इस गाड़ी के डिब्बे से काटकर शटिंग करके दिल्ली-हावड़ा एक्सप्रेस में जोड़ दी गई, जो लगभग 2:50 बजे मुगलसराय से रवाना हुई। प्रात:काल ट्रेन पटना पहुँची पर दीनदयालजी इस ट्रेन में नहीं थे।

उधर मुगलसराय में उनके शव को पहचान लिया गया था। परम पूजनीय श्री गुरुजी (मा. स. गोलवलकर) सहित सभी प्रासंगिक व्यक्तियों को सूचना मिल गई थी। दिल्ली में संसदीय दल की बैठक चल रही थी। बैठक स्थगित कर सभी वरिष्ठ नेता विशेष विमान से वाराणसी पहुँचे, उनके पार्थिव शरीर को दिल्ली लाया गया। दीनदयालजी दिल्ली में सांसद के नाते श्री अटल बिहारी वाजपेयी को प्राप्त आवास 30, राजेंद्र प्रसाद मार्ग पर ठहरा करते थे। आज उसी आवास में उनकी निष्प्राण देह को लाया गया। देश के कोने-कोने से लोग दिल्ली पहुँचने लगे। श्री गुरुजी तो वाराणसी पहुँच गए थे। श्री गुरुजी एवं दीनदयालजी के अनिर्वचनीय संबंध थे। श्री गुरुजी राष्ट्रीय स्वयंसेवक संघ के सरसंघचालक ही नहीं वरन् एक महान् आध्यात्मिक विभूति थे। दीनदयालजी उनके अनुयायी थे, लेकिन श्री गुरुजी का उनसे 'एक प्राण दो देह' सरीखा नाता था। सामान्यत: अविचलित रहनेवाले श्री गुरुजी जब दीनदयाल की पार्थिव देह के पास पहुँचे, आँखें छलछला आईं, भर्राए कंठ से वे बोले, 'अरे, इसे क्या हो गया।'

दीनदयालजी का शव वायुयान में रखा गया, श्री गुरुजी वायुयान की सीढ़ियों पर चढ़ गए। उन्होंने अपने दोनों हाथ दीनदयालजी के मुँह के ऊपर से लाते हुए अपने नेत्रों से लगाए। इस प्रकार उन्होंने तीन बार किया, विषाद भरे शब्दों में कहा "बहुत से लोग अपने परिवार चलाते हैं, अत: वे कल्पना कर सकते हैं। मैं परिवार नहीं चलाता, इसलिए मेरी जो दु:ख की भावना है वह शतगुणित अधिक है। इसलिए व्यक्तिश: उनके संबंध में कुछ नहीं

कहूँगा। इतना ही कहूँगा, दीनदयाल को ईश्वर ने ले लिया। एक पुरानी कहावत अंग्रेजी में पढ़ी थी, ''जिन्हें देवता प्रेम करते हैं, वे कम उम्र में स्वर्ग सिधार जाते हैं।''

इधर दिल्ली शोक में डूब गई थी। बाजार बंद, दफ्तर बंद, 30, राजेंद्र प्रसाद रोड की तरफ लोग बढ़े चले जा रहे थे। पुलिस की तथा स्वयंसेवकों को व्यवस्था करने में कठिनाई हुई। भीड़ पर भीड़ उमड़ रही थी। पुष्प वर्षा, माल्यार्पण, भावभीनी श्रद्धांजलि और रुदन-सिसकियों का क्रम जारी था। इस वज्रपात ने सभी को किंकर्तव्यविमूढ़ कर दिया था। कौन है वह हत्यारा, जिसने इस ऋषितुल्य अजातशत्रु के प्राण हर लिये, उनके पावन शरीर को यातनापूर्वक मरोड़ डाला? कौन देता जवाब, सभी तो मर्माहत थे।

12 फरवरी, प्रात:काल भारत के महामहिम राष्ट्रपति डॉ. जाकिर हुसैन श्रद्धांजलि अर्पित करने आए। प्रधानमंत्री श्रीमती इंदिरा गांधी तथा उपप्रधानमंत्री मोरारजी देसाई भी पुष्प-माला अर्पित करके गए। नेताओं, सामाजिक कार्यकर्ताओं, सांस्कृतिक विभूतियों का ताँता लगा रहा। दिल्ली में अपनी श्रद्धा अर्पित करने जनसमूह उमड़ पड़ा।

मध्याह्न एक बजे महामानव दीनदयाल की पार्थिव देह शव-रथ में रखी गई। महाप्रस्थान की तैयारी। चार अश्वारोही सिपाही शव-यात्रा के आगे-आगे चल रहे थे। शव-रथ के आगे संघ-जनसंघ के वरिष्ठ अधिकारी चल रहे थे। मार्ग के दोनों ओर श्रद्धालु जनता अंतिम दर्शन एवं पुष्पार्पण के लिए उपस्थित थी। पीछे महिलाएँ गायत्री मंत्र का जाप करती हुई चल रही थीं। श्रद्धांजलि पुष्पवर्षा के कारण मंथर गति से चलती हुई यह यात्रा सायं छह बजे निगमबोध घाट पर पहुँची। सायं 6:45 पर अंतिम श्रद्धांजलि का कार्यक्रम प्रारंभ हुआ। 7 बजकर 6 मिनट पर मंत्रोच्चारण के बीच उनके ममेरे भाई श्री प्रभुदयाल शुक्ल ने अग्नि प्रज्वलित की। 7 बजकर 23 मिनट पर कपालक्रिया हुई। दीनदयाल का पार्थिव शरीर पंचतत्त्व में विलीन हो गया।

❑❑❑

“उनकी रहस्यमयी मृत्यु से अभी रहस्य का परदा उठा नहीं है। उसकी तो पूरी जाँच होनी ही चाहिए, परंतु देश दूसरे दीनदयाल को तरसेगा और वह सहज सुलभ नहीं है। अ.भा. जनसंघ के वे अध्यक्ष ही नहीं थे, प्रत्युत देश के एक ऐसे कर्मठ सेनानी थे, जिनसे भविष्य में बहुत आशाएँ थीं। लोकतंत्र अपने पनपने के लिए जिस मिट्टी की प्रतीक्षा करता है, वे सर्वात्मना उसी मिट्टी की उपज थे।”

—दैनिक हिंदुस्तान, नई दिल्ली
13 फरवरी, 1968